GÜTERSLOHER
VERLAGSHAUS

© Roderick Aichinger

WILFRIED HUISMANN,
geboren 1951, studierte Geschichte und Sozialwissenschaften. Nach
einer Tätigkeit als Entwicklungshelfer in Chile schrieb Huismann
1982 erste journalistische Beiträge für den Rundfunk. Ab 1986
wirkte er bei dem politischen Fernsehmagazin *Monitor* mit. Inzwischen gehört der investigative Journalist, Dreh- und Sachbuchau-
tor zu den angesehensten und erfolgreichsten Dokumentarfilmern
in Deutschland. Für seine Filme erhielt er drei Grimme-Preise und
zahlreiche andere Auszeichnungen. Er lebt in Bremen.

WILFRIED HUISMANN

SCHWARZBUCH
WWF

DUNKLE GESCHÄFTE
IM ZEICHEN DES PANDAS

GÜTERSLOHER VERLAGSHAUS

»*Es ist leichter, in die Geheimnisse der CIA einzudringen, als in die des WWF.*«
Raymond Bonner, Reporter der New York Times, 1993

»*Im Falle meiner Reinkarnation würde ich gerne als tödliches Virus zurückkehren, um etwas zur Lösung des Problems der Überbevölkerung beizutragen.*«
Prinz Philip im Interview mit dpa, August 1988

Inhalt

1. DIE BRAUT TRÄGT PANDA

Auf dem Bremer Ökomarkt treffe ich Abiud. Er war gerade in seiner Heimat Mexiko, um dort zu heiraten; und zwar nicht irgendwo, sondern in Chiapas, dem Zentrum des zapatistischen Aufstandes. Auch jetzt noch, Tage nach dem großen Ereignis, wirkt Abiud verwirrt. Denn die Stadt San Cristóbal machte keinerlei revolutionären Eindruck, sie ist fest in der Hand des Getränkekonzerns *Coca-Cola*. Als er die barocke Kathedrale betrat, empfing ihn der ohrenbetäubende Lärm vom Gemurmel hunderter Gläubiger. Sie hockten auf dem nackten Steinfußboden und huldigten ihren alten indianischen Göttern. Viele verfielen in ekstatische Tänze; wahrscheinlich, so dachte sich Abiud, weil sie den heiligen Schnaps namens Pox getrunken hatten. Vom Pox muss man rülpsen – ein bewährtes Mittel, um die bösen Geister zu vertreiben. Als Abiud selbst kostete, musste er sich fast übergeben: Im Gefäß war Coca-Cola pur.

Die Company hat mit der Gemeinde einen Partnerschaftsvertrag geschlossen. Sie spendet Geld, im Gegenzug wird im Tempel Gottes nur noch Coca-Cola getrunken. Auch in den Supermärkten der Stadt gibt es nur noch Coca-Cola zu kaufen. Die Ladenbesitzer erhalten von der Firma eine Prämie, wenn sie andere Getränke aus den Regalen nehmen. Die Stadt ist gepflastert mit leeren Coca-Cola-Dosen und die Kinder lachen die Besucher aus zahnlosen Mündern an. Nirgendwo auf der Erde wird so viel Coca-Cola getrunken wie in Chiapas. In den Bergen über der Stadt hat *Coca-Cola* die Wasserquellen gekauft, und es würde einen nicht wundern, hätte der Konzern sogar mit der Guerrilla in Chiapas einen für beide Seiten ertragreichen Deal abgeschlossen. Sogar die Comandantes trinken jetzt Coca-Cola.

Chiapas ist das Gleichnis einer perfekten Warenwelt, in der ein global agierender Konzern seine sanfte Herrschaft ausübt. Vor zehn Jahren hätte mir diese Geschichte niemand geglaubt. *Coca-Cola* genoss als einer der größten Wasserverbraucher der Erde einen schlechten Ruf, sodass sich das Marketing entschloss, die Firma »anzugrünen«. Heute wird Coca-Cola »*nachhaltig*« hergestellt und so, dass die »*natürlichen Ressourcen der Erde geschont werden.*« Glaubt der Kunde diese frohe, grüne Botschaft der Werbeabteilung? Wohl kaum.

Also muss der Konzern sich eine Braut ins Bett holen, die der Marke neuen Glanz verleiht. 2007 schließen *Coca-Cola* und der WWF einen Partnerschaftsvertrag – »*um gemeinsam das Trinkwasser der Erde zu schützen*«. Dafür dürfen sich die *Coca-Cola*-Produkte von nun an mit dem Panda schmücken, ein Vertrauen stiftendes Wappentierchen, das besonders bei Kindern sehr beliebt ist. So erobert man die Kunden der Zukunft. Den Konzern kostet das Sponsoring 20 Millionen Dollar. Ein Schnäppchen, wenn man bedenkt, dass der WWF-Panda laut Marktforschung eine der glaubwürdigsten Marken der Welt ist.

Neben Geld bekommt der WWF auch die Zuneigung und Anerkennung des Big Business. Auf seiner Webseite entdecke ich einen Videoclip: Muktar Kent, der Boss von *Coca-Cola*, und Carter Roberts, Präsident des WWF USA, auf einer gemeinsamen Tour durch die Arktis. Man sieht die untergehende Sonne, Eisbären und jede Menge Schnee. Der WWF-Chef bekennt: »*Die Partnerschaft bringt zwei der größten Marken der Welt zusammen. Die Besten und Klügsten wollen nicht nur Märkte erobern, sie wollen auch Führer sein, um die größten Probleme der Welt zu lösen. Coca-Cola war eine logische Wahl.«* Der gerührte *Coca-Cola*-Chef im Polarpelz antwortet: *»Wir arbeiten zusammen, damit auch die Generationen nach uns die wundervollen Eisbären genießen können – und den ganzen Planeten.«*

Die WWF-Nomenklatura sieht sich auf Augenhöhe mit dem Jetset der globalen Unternehmen. Manager von *Coca-Cola* und des Gentechnikriesen *Monsanto* werden an der Schweizer Akademie des WWF zu *»Führern des Planeten«* ausgebildet, und Neville Isdell, der ehemalige Generaldirektor der *Coca-Cola*-Company, ist Chef der WWF-Personalkommission geworden. Er sucht das zukünftige Führungspersonal des WWF auf dem Markt und schlägt es zur Ernennung vor. Denn so etwas Altmodisches wie Wahlen gibt es beim WWF nicht.

WWF-Direktor Jason Clay verkündet der Welt, er werde mit den 100 größten Konzernen im Energie- und Ernährungssektor Verträge abschließen. Denn diese Konzerne kontrollierten die wichtigsten Rohstoffe der Erde. *»Wenn die sich bessern, bessern sich alle in der Branche.«* Und dass sie sich bessern, kann laut Jason Clay als sicher gelten, denn der WWF werde sie *»umarmen«*. So einfach ist das also. Komisch, dass vorher noch niemand darauf gekommen ist.

Auffallend viele Industrieunternehmen, mit denen der WWF in Verbindung steht, haben sich bei der Verschmutzung der Umwelt und beim Raubbau an den Schätzen der Erde hervorgetan: *British Petroleum, Exxon Mobile, Marine Harvest, Shell, McDonalds, Monsanto, Weyerhäuser, Alcoa* und der größte Palmölkonzern der Erde, *Wilmar*. Ihnen steht der Panda gut. Aber warum geht der WWF diese Liaisons ein – kann er damit wirklich die Welt verbessern, oder verkauft er womöglich seine Seele für bares Geld? Eine Spurensuche im grünen Empire. Sie führt uns um die ganze Welt. Am Ende sehen wir den Panda mit anderen Augen.

2. IN DER HÖHLE DES LÖWEN

In Gland am Genfer See liegt das internationale Hauptquartier des WWF, des *World Wide Fund for Nature*. Der graue Betonklotz ist ein Geschenk des deutschen Kaufhauskönigs Peter Horten. Er wirkt wie eine ästhetische Kriegserklärung an die Schweizer Kleinstadtidylle.

In den Gängen und Konferenzräumen herrscht emsiges Treiben. Junge Menschen aus aller Welt in Jeans und Turnschuhen beherrschen das Bild. Alle lächeln freundlich, wirken cool, kreativ und weltoffen. »*Wir sind ein großes Team*«, verkündet der Öffentlichkeitschef Phil Dickie, als er uns freudestrahlend am Empfang abholt. Mein Kameramann Ulli Köhler und ich sind gekommen, um uns vorzustellen, denn wir wollen für den WDR einen Film zum 50. Geburtstag des WWF drehen.

Phil Dickie ist Australier. Zuvor arbeitete er bei einer »*geheimen Ermittlungseinheit*« der australischen Regierung, wie er uns auf dem langen Weg zu seinem Büro mit verschwörerischer Miene wissen lässt. Ich habe den Eindruck, dass er nicht so recht weiß, wie er uns einschätzen soll. Er ruft **Rob Soutter** hinzu, einen alten Haudegen des WWF. Der weiße und hochgewachsene Südafrikaner ist seit Jahren für die globalen Artenschutzkampagnen des WWF zuständig und organisiert gerade das Gipfeltreffen der Tigerstaaten in St. Petersburg – mit Wladimir Putin als Gastgeber. Rob Soutter wischt meine kritischen Fragen zu den Industriepartnerschaften des WWF mit einer Handbewegung vom Tisch: »*Coca-Cola ist eine unserer strategischen Partnerschaften. Man kann die Welt nicht mit Nein-Sagen verändern. Die Macht haben die Konzerne.*

Nur mit ihnen gemeinsam kann man etwas erreichen.« *Coca-Cola* habe sich verpflichtet, den Verbrauch von Frischwasser in seinen Abfüllanlagen um 20 Prozent zu senken, auch die CO_2-Bilanz soll besser werden; und wenn man gemeinsam den Eisbären rettet, ist das doch auch nicht schlecht, oder? Klingt vernünftig.

Der 1961 gegründete WWF ist nicht aus einer Protestbewegung von unten entstanden. Er war von Anfang an eine Organisation von Menschen, die sich als Teil der gesellschaftlichen »Elite« begriffen.

Der gewiefte Pressemann Phil erfasst intuitiv, dass Rob Soutter die richtige Wahl für uns ist und bietet ihn als Interviewpartner an: Der WWF habe nichts zu verbergen; alles sei transparent und offen – raus mit den Fragen! Also gut: Wie hält es der WWF mit der Gentechnik? Am *Runden Tisch für verantwortungsvolles Soja* sitzt er mit dem Gentechnikriesen *Monsanto* zusammen, sehr zum Missfallen der anderen großen Naturschutzgruppen, für die *Monsanto* der Teufel auf Erden ist. Phils Gesicht verfinstert sich und durch die geschlossenen Lippen hindurch presst er einen Fluch: »*Diese verdammte Gentechnik.*« Volltreffer.

Er weist mich darauf hin, dass die meisten europäischen WWF-Organisationen die Gentechnik ablehnen. Auch Rob Soutter guckt gequält. Damit er keine schlechte Laune bekommt, wechsle ich das Thema und frage nach der Artenschutzpolitik des WWF – ein ihm vertrautes Terrain. Seine Sommersprossen leuchten auf, als er mir vorschwärmt, wie schön eine Safari-Tour auf dem Rücken eines Pferdes durch das *Kaokoveld*-Reservat in Namibia bei Sonnenuntergang sei. »*Auge in Auge mit einer Löwenfamilie – ein unglaubliches*

Glücksgefühl.« Der Traum von der unberührten Wildnis. Soutter ist ein WWF-Romantiker der alten Schule. Was nicht heißt, dass er die Fehler der Gründergeneration rechtfertigen möchte.

Die Wildparks Afrikas waren bis in die 1980er-Jahre fest in weißer Hand. Soutter räumt offen ein: »*Das führte dazu, dass viele Schwarzafrikaner dachten, der WWF sei eine Art Fortsetzung des Kolonialismus. Wir haben dazugelernt und arbeiten heute eng mit der lokalen Bevölkerung zusammen. Wir geben ihnen Jobs; sie begreifen, dass der Schutz der Tiere in ihrem ureigenen Interesse liegt. So funktioniert das.*«

Etwas klingt in meinen Ohren schräg an dieser gönnerhaften Sicht auf die Eingeborenen. Täusche ich mich oder schwingt da nicht ein Unterton aus der alten Kolonialepoche mit? Nach dem Motto: Wir aufgeklärten Weißen wissen, wo es langgeht, und müssen unsere verstockten schwarzen Brüder an die Hand nehmen, damit sie mit der Natur pfleglich umgehen. Die insgeheim spürbare Arroganz des Rotschopfs macht mich wütend. Wie kann man vergessen, dass diese Menschen seit Jahrhunderten in und von den Wäldern und Savannen Afrikas gelebt haben, ohne sie zu zerstören? Erst als die weißen Kolonialherren auftauchten, ging es den Löwen, Nashörnern, Elefanten und Büffeln an den Kragen. Die Großwildjäger aus der zivilisierten Welt veranstalteten in Afrika ein wahres Massaker. Um den Wildbestand nachhaltig zu sichern, begannen die Kolonialverwaltungen damit, überall in den südlichen Ländern Afrikas Reservate und Schutzparks anzulegen, in denen nur Weiße jagen durften.

Mir kommt mein erstes Sammelalbum der Spar- und Raiffeisenkasse in den Sinn. *Die wilden Tiere Afrikas* hieß es, und ich habe es, getrieben von einer unerklärlichen Sehnsucht nach der Wildnis, so oft durchgeblättert, bis die Seiten schwarz waren. Damals hatte ich keine Ahnung von dem Preis, den die Schwarzafrikaner dafür zahlen mussten, dass sich der weiße Mann auf ihrem Land ein Paradies schuf. Die Reservate wurden immer auf dem Terrain der Schwarzen angelegt, nie dort, wo sich weiße Siedler niedergelassen hatten. Während Rob Soutter unbeirrt über die herrlichen Schutzprojekte des WWF und die »*Integration*« der Schwarzen referiert, sehe ich in Gedanken lange Flüchtlingskolonnen vor mir. Allein in Afrika sind 14 Millionen Menschen gegen ihren Willen umgesiedelt worden, um Platz für wilde Tiere zu schaffen.

Irgendwie habe ich keine Lust mehr auf den Small Talk im Hauptquartier des WWF am glitzernden Genfer See mit seinen schaukelnden Jachten und grünen Auen; also unterbreche ich Robs Redefluss mit einer provokanten Frage: »*Dürfen wir beim nächsten Panda-Ball Filmaufnahmen machen?*« Soutters gerade noch selbstzufriedenes Lächeln verrutscht zu einem schiefen Grinsen: »*Ich glaube kaum. Die Teilnehmer legen Wert auf Diskretion.*«

Der Panda-Ball findet einmal jährlich statt, oft im Buckingham-Palast in London oder in anderen Palästen. Zutritt haben nur die Auserwählten, die Mitglied im **Club der 1001** sind – eine Art geheimer Eliteorganisation des WWF. Nachdem Rob seine Contenance wiedergefunden hat, tut er das Thema mit einem Schulterzucken ab: »*Der Club spielt keine Rolle mehr – wir haben ihn nur aus Respekt vor dem seligen Prinz Bernhard der Niederlande am Leben erhalten. Er bringt auch nicht so viel Geld ein, wie man vielleicht denkt.*« Kaum gesagt, glaube ich ein ärgerliches Blitzen seiner Augen zu erkennen – womöglich bereut er diese Aussage schon.

Der *Club der 1001* wurde 1971 von Prinz Bernhard der Niederlande gegründet, als er Präsident von WWF International war. Einige seiner alten Kameraden aus der gemeinsamen Zeit bei der IG Farben und der Reiter-SS folgten ihm in den *Club der 1001*, der genau 1001 Mitglieder aus aller Welt zählt. Wer aufgenommen wird, bleibt zumeist lebenslang Mitglied. Wenn jemand stirbt, rückt ein Bewerber nach.

Nummer Eins war bis zu seinem Tod Prinz Bernhard selbst, die Namen der anderen 1000 Mitglieder sind geheim – bis heute. Nur einzelne Namen sind durchgesickert: Henry Ford, Baron von Thyssen, der pakistanische Milliardär Prinz Aga Khan, Prof. Bernhard Grzimek, Robert McNamara, Fiat-Chef Agnelli und Mitglieder aus den europäischen Königshäusern. Eine Allianz aus Geld- und Blutadel.

Der *Club der 1001* bezahlt die Gehälter des zentralen Sekretariats in Gland am Genfer See – damit die WWF-Spitze unabhängig von den inzwischen über 90 nationalen Gruppen des WWF operieren kann. Auf dem Panda-Ball und bei anderen diskreten Treffen wird bestimmt auch über die strategische Ausrichtung der größten Naturschutzorganisation der Welt gesprochen. Der *Club der 1001* ist sicherlich keine geheime Kommandozentrale des WWF, aber ein elitäres *Old Boys*-Netzwerk mit viel Einfluss in der Welt der multinationalen Konzerne und der globalen politischen Entscheidungsstrukturen.

Rob Soutter will wissen, ob ich eine Mitgliederliste des Clubs habe und wirkt irgendwie beruhigt, als ich verneinen muss. Spätestens nach diesem Gespräch ist mir klar, dass ich diese Liste unbedingt finden muss. Sie könnte der Schlüssel zum inneren Reich des WWF sein. Auch die fünf Millionen

Mitglieder der Naturschutzorganisation haben keine Ahnung, wer im WWF die Macht hat und warum. Sie glauben unbeirrt an das Gute im Panda.

Pandas mit Geldschlitz

3. AUF TIGERSAFARI

In den Wochen nach unserem Antrittsbesuch in Gland erhalte ich dann und wann eine beruhigende E-Mail von Rob Soutter: Alles in Ordnung, wir sehen uns bald in Namibia auf dem Rücken der Pferde. Im Moment sei er allerdings zu beschäftigt, denn das *Jahr des Tigers* nähert sich inzwischen seinem Höhepunkt. **Leonardo DiCaprio** wird zum Botschafter des WWF für den Tiger ernannt und nimmt in St. Petersburg am Tigergipfel teil. Alle Staatschefs der sieben Tigerländer sind gekommen, um die Ausrottung der 4000 noch lebenden Tiger zu verhindern. Der Tiger ist auch das Lieblingstier des Gastgebers Wladimir Putin. Im Hollywood-Star erkennt er einen Gleichrangigen, einen »*echten Muschik*«. Immerhin, so Putin bei der Begrüßung, wäre Leonardo DiCaprio bei seiner langen Reise nach Russland fast ums Leben gekommen. Zunächst musste seine Maschine wegen eines Flugzeugschadens notlanden und dann noch einmal bei einem schweren Unwetter.

Der WWF zeigt im *Jahr des Tigers*, was er kann: Staatschefs mobilisieren und die ganze Welt mit einer Werbekampagne für die Rettung des Tigers überrollen, deren Credo Leonardo DiCaprio verkündet: »*Wenn wir den Tiger retten können, können wir auch die Erde retten.*« Es geht um alles oder nichts. Wer möchte da abseits stehen?

Nach zwei Monaten vergeblichen Wartens auf ein konkretes Angebot von Rob Soutter beschleicht mich das Gefühl, dass aus unserem gemeinsamen Ausritt zu den Löwen nichts wird. Also entschließen wir uns, schon einmal auf eigene

Faust mit den Recherchen über den WWF anzufangen – und zwar im Tigerland Indien.

Von *Raipur* aus geht es nach Norden, in eines der ältesten Tigerreservate Indiens. Wir fahren durch eine grüne Kornkammer mit idyllischen Dörfern. Welch eine Wohltat, denn Raipur ist mir wie die Hölle auf Erden vorgekommen. Der penetrante Gestank aus der Kanalisation, die offen neben den Straßen verläuft, die Müllberge auf dem Bürgersteig, durch die sich knochige Rinder wühlen, der ohrenbetäubende Lärm der Motorräder, die sich gegenseitig und die Fußgänger mit großer Aggressivität von der Straße drängen.

Ein höchstens 13-jähriges Mädchen schläft mit einem Säugling im Arm auf dem Bordstein – nur Zentimeter neben der Autospur – und ist kaum zu sehen unter den schwarzen Schwaden, die von den maroden Dieselfahrzeugen ausgestoßen werden. Der Überlebenskampf macht die Menschen apathisch und gnadenlos. Indiens Städte ersticken in Dreck und Müll. Im Jahr 2050 wird es mehr Inder als Chinesen geben, Land wird ein knappes Gut – und die Gier der Industrie macht selbst vor den indischen Nationalparks nicht halt.

Nach sechs Stunden Fahrt auf staubigen Straßen grüßen am Wegesrand die ersten grünen Schilder mit dem Logo des WWF-Panda: »*Rettet den Tiger*«. Wir sind in der Pufferzone des *Kanha*-Nationalparks. Viele der Menschen, die hier in den Dörfern leben, wohnten früher im Wald. Sie wurden von der Regierung hierhin umgesiedelt. Tiger und Menschen könnten angeblich nicht »*koexistieren*«. So wie hier sind als Folge der WWF-Planungen für die neuen Tigerreservate überall in Indien *Adivasi*-Stämme umgesiedelt worden – zum Teil mit militärischer Gewalt.

Wenige Kilometer nach- dem wir den Haupteingang des Nationalparks passiert haben, öffnet sich ein ei- sernes Tor und wir fahren durch einen paradiesischen Garten in das Reich der *Singinawa Jungle Lodge*. Le- muren hüpfen von Baum zu Baum und dann auf das Dach des Bungalows, um unserer Begrüßung durch drei »boys« in postkolonia- len khakibraunen Fanta- sieuniformen zuzuschauen,

WWF-Tigerkampagne: »Zum Sterben geboren«

die uns ein luxuriöses britisches Frühstück serviert. Außer uns sind nur acht weitere Touristen hier, wohlhabende Rent- ner aus den USA und Großbritannien. Sie haben bei *Natural Habitat* gebucht, einem Reisebüro, bei dem der WWF Premier Partner ist. Wir freunden uns schnell mit ihnen an. Sie fahren zwei Wochen lang mit dem auf der WWF-Internetseite ge- buchten Programm *Wild India* durch die Gegend und müssen dafür knapp 10.000 Dollar zahlen. Ganz schön happig. Aber dafür verspricht **Nanda SJB Rana**, der freundliche Besitzer der Lodge, dass jeder Teilnehmer mindestens einen Tiger in freier Wildbahn zu sehen bekommt.

Am nächsten Morgen um fünf Uhr geht es bei drei Grad Celsius über null los, und als unsere Kolonne etwa eine Stun- de später vor dem Haupttor des Nationalparks eintrifft, haben die ersten schon blaue Finger. Wir reihen uns in eine lange

Warteschlange ein. 155 Jeeps sind hier jeden Tag für Safaris zugelassen – und zwar nicht in der Randzone, sondern im Kern des Parks, wo die meisten Tiger leben. Das Jagdfieber steigt, und als sich der Schlagbaum hebt, donnert das Jeep-Geschwader los. Zu meiner Überraschung gibt es im Nationalpark ein gut ausgebautes Wegenetz. Am Rand stehen Männer und fegen den »Tiger-Highway«. Es sind *Adivasi*, Waldmenschen. Früher waren sie die stolzen Herrscher des Dschungels – jetzt sind sie Servicekräfte des Ökotourismus.

Nach offiziellen Zahlen gibt es hier noch etwa 100 Tiger, aber unser Ranger hält diese Zahl für Propaganda. Nach seiner Kenntnis sind es höchstens noch 50 – unsere erste Lektion in indischer Tigermathematik.

Auf der Safari sehen wir Affen, wunderschöne Vögel und ein paar Gaur, die größten lebenden Rinder der Erde, tonnenschwere, graue Monster. Immer wenn er ein Tier sieht, tritt der Ranger auf die Bremse. Ein paar Sekunden Stopp für die Fotos und dann geht die Jagd weiter. Die zahlenden Gäste wollen keine Büffel und Affen, sondern Tiger sehen. An einem Baum zeigt uns der Ranger, wie der Tiger sein Revier markiert. Er hat tiefe Rillen in das harte Holz des Baumes gegraben, in drei Metern Höhe. Man ahnt die Kraft, die in der Raubkatze steckt. Jedes Tigermännchen beansprucht für sich ein Revier von 40 Quadratkilometern. An der nächsten Weggabelung stoßen wir auf einen Tigerspähtrupp: Ranger auf Elefanten, ausgestattet mit Funkgeräten, sind seit Stunden unterwegs, doch vom Tiger keine Spur. Wäre ich ein Tiger, hätte ich mich bei diesem Höllenlärm auch längst ins Unterholz verkrochen.

Nachdem wir drei Stunden herumgekurvt sind, von denen wir etwa 30 Minuten in Staus auf dem schmalen Tiger-Highway verbracht haben, treffen sich alle auf dem Frühstücksplatz wieder. Die Ranger packen Fresskörbe aus und verteilen ihren Inhalt auf den mit weißen Tischdeckchen geschmückten Kühlerhauben der Jeeps: Toast, Schinken und gekochte Eier, Tee und Kaffee. Die Jeep-Besatzungen tauschen miteinander Jägerlatein aus, eine Frau will den Schwanz eines flüchtenden Tigers gesehen haben.

Hier auf dem Grasland lebten früher einmal die Adivasi. Ihr Dorf und ihre Kultur sind verschwunden. Die Touristen haben weiter keine Fragen dazu, denn die Umsiedlung durch die Regierung erscheint ihnen womöglich gerechtfertigt. Der WWF hat, ohne sich allerdings explizit für Zwangsumsiedlungen auszusprechen, viele Jahre lang verkündet: Wir Menschen haben den wilden Tieren seit vielen hundert Jahren ihren Lebensraum weggenommen, jetzt muss man sich um sie kümmern.

Plötzlich brüllt ein Ranger: »*Nicht weit von hier wurde ein Tiger gesichtet.*« Alle rennen zu ihren Jeeps. Die Motoren heulen auf und weiter geht es. Dort, wo der Tiger angeblich gesehen wurde, stoppen wir. Ein Affe stößt den Tigerwarnruf aus. Hirsche rennen durchs Gebüsch. Wir beobachten, dass sie verfolgt werden – von einem Wildschwein. Mist, wieder kein Tiger. Pause zum Lunchfassen im Dschungelhotel. Danach noch einmal in den Tigerwald. Nur keine Zeit verlieren, denn um 18 Uhr schließt der Park. Wir haben schon am zweiten Tag keine Lust mehr auf die Tigerjagd und bleiben am Swimmingpool des Hotels. Die anderen Touristen sind fassungslos über uns Weicheier, aber die Dame des Hauses, Latika Nath Rana, quittiert die Entscheidung mit einem dankbaren Blick.

Jäger und Gejagte

Dr. Latika Nath Rana ist Tigerforscherin mit Oxford-Diplom. Als einzige Frau hat sie sich unter den indischen Tigerforschern einen prominenten Platz erobert. Beim Frühstück eröffnet sie mir, dass sie für die ganze Zunft wenig übrig hat: *»Wir wissen eigentlich alles über den Tiger, man sollte ihn einfach in Ruhe lassen.«* Auch auf die Tigerkampagne des WWF ist sie nicht gut zu sprechen: *»Damit kommen immer mehr Tigerexperten ins Land und belagern die Raubkatzen.«* Sie bauen überall Fotofallen auf, schießen mit Betäubungsgewehren auf die Tiere und hängen ihnen Funksender um den Hals. Der WWF will dadurch Vorkommen, Bewegungsmuster und Anzahl schätzen, um weitere Tigerschutzgebiete auszuweisen. Dr. Rana hält davon wenig: *»Alles überflüssig, für die Forschung bringt das nichts. Es hat nur einen Sinn: Das Geld muss ausgegeben werden.«* Ich spreche sie auf die WWF-Schilder an, die die Straßen zum Nationalpark schmücken. Sie lacht: *»In Public Relations sind die gut. Aber ich habe hier noch kein wirklich nützliches WWF-Projekt gesehen.«*

Dr. Latika Nath Rana hat den Haushalt des WWF Indien unter die Lupe genommen und ist der Meinung, dass ein großer Teil der WWF-Spendengelder, die aus dem Ausland kommen, nicht für konkrete Schutzprojekte vor Ort ausgegeben wird: *»Das meiste Geld, das der WWF offiziellen Regierungsstellen gibt, verschwindet letztlich doch in den Taschen der Funktionäre.«* Als sie meinen verblüfften Gesichtsausdruck bemerkt, fügt sie hinzu: *»Das ist nichts Besonderes für Indien. Wenn die Spendengelder in den Tigerreservaten ankommen würden, dann könnten wir für jeden Tiger vier Wärter einstel-*

len, eine Schutzmauer um alle 39 Tigerreservate Indiens ziehen und dazu noch für alle Tiger eine Lebensversicherung abschließen.« Sie selbst hat sich von dem Tigerrummel abgewandt und konzentriert sich auf die Arbeit mit den Dorfbewohnern in der Pufferzone. »Wenn wir die gewinnen, können wir auch dem Tiger helfen.«

Immer wieder, so Dr. Latika Nath Rana, findet die indische Tigermafia in den Dörfern rund um die Reservate willfährige Handlanger, die einen Tiger töten. Die Tigerkiller bekommen dafür lediglich ein paar Rupien, sie können sich überhaupt nicht vorstellen, wie hoch die Weltmarktpreise für Tigerprodukte sind. Tee aus Tigerknochenmehl kostet in Chinatown in New York inzwischen mehr als Heroin. Das Getränk soll die sexuelle Leistungsfähigkeit des Mannes erheblich steigern.

Beim Dinner am langen Tisch am selben Abend erzählt ihr Mann Nanda, woher der in Asien weit verbreitete Glaube an die Potenzwirkung von Tigerextrakten kommt: »Wenn Tiger sich paaren, geht es hoch her; sie treiben es tagelang miteinander. Der Rekord liegt bei einem Tigerpaar, das 113 Mal an einem einzigen Tag Sex hatte.« Jack aus Arizona, der häufig geschäftlich in Shanghai zu tun hat, wendet ein, dass es in China doch längst riesige Tigerfarmen mit eigener Aufzucht gebe. Der Hausherr schüttelt den Kopf: »Das hilft uns nicht viel. Die Chinesen glauben, dass die Essenzen vom wilden Tiger eine bessere Wirkung haben.«

Meine Tischnachbarin Maggie stellt sich bei der Diskussion über Tigersex lieber taub und genießt still ihr Glück, denn bei der Nachmittagssafari ist ihr Jeep auf einen leibhaftigen Tiger gestoßen. An Details kann sie sich nicht erinnern, weil das Tier nur von weitem zu sehen war – die anderen Jeeps hatten sich zu ihrem Ärger einfach vorgedrängelt. Immerhin: Die 10.000 Dollar für das Programm *Wild India* haben sich für Maggie ausgezahlt. *»Denn«*, so verkündet sie im Brustton der Überzeugung, *»vielleicht sind wir die letzte Generation, die einen wilden Tiger sehen kann. Unsere Enkel wahrscheinlich nicht mehr.«* Die apokalyptisch angehauchte Tigerkampagne des WWF hat in ihr ein dankbares Medium gefunden. Doch hat das alles wirklich mit Naturschutz zu tun?

Nach dem Dinner führt uns Hausherr Nanda Rana in seine Bibliothek, um uns seinen Schatz zu zeigen: große Schwarz-Weiß-Fotos aus der guten alten Zeit der Tigerjagd. *»Die Fotos sind ein Geschenk des Hauses Windsor an meine Familie.«* Ich erfahre bei dieser Gelegenheit, dass Herr Rana ein Spross des nepalesischen Königshauses ist, das die Tigerjagden für die britischen Herrscher veranstaltete. Er zeigt auf ein Foto, auf dem Elefanten einen Kessel bilden. *»Bevor König Georg kam, wurden aus dem ganzen Land 1000 Elefanten zusammengeholt. Sie trieben die Tiger in ringförmigen Kesseln zusammen. Bei dieser Jagd hier wurden 120 Tiger erlegt, an einem einzigen Tag. Ziemlich unfair dieser Sport.«* Auf dem Foto daneben sieht man Dutzende abgezogener Tigerfelle, die zum Trocknen nebeneinander auf die Leine gehängt wurden wie nasse Handtücher.

Bei meiner Frage, ob auch **Prinz Philip**, Herzog von Edinburgh und Gründervater des WWF, bei den Tigerjagden mitgemacht hat, sieht der Adlige aus Nepal mich leicht misstrauisch an und entscheidet sich für eine diplomatische Antwort: *»Er war wohl mal dabei, geschossen hat er meines Wissens nicht.*

Er war doch Naturschützer. Als Ausrede behauptete er, er hätte eine Zerrung im Zeigefinger.«

In Presseberichten aus der Zeit hört sich das ganz anders an: Im Januar 1961 brachen Königin Elisabeth II. und ihr Prinz im Rahmen eines Staatsbesuches zu einer Tigerjagd nach *Rathambore* auf. Jagdgehilfen hatten vorher Dutzende Ziegen an Bäume gebunden, um das Raubtier an-

Prinz Philip im WDR-Interview, 2011

zulocken, und die Treiber jagten es direkt vor die Flinte der Königin. Doch als der Tiger in Sichtweite war, legte sie das Gewehr beiseite und griff zu ihrer Fotokamera. Den tödlichen Schuss überließ sie Prinz Philip. Bald darauf zirkulierte in Großbritannien das Foto der Jagdgesellschaft. Vorne streckt sich das erlegte Tier, dahinter stehen die Gastgeber der Jagd mitsamt dem königlichen Paar.

Ziemlich genau 50 Jahre nach dem Jagdausflug ergattern wir im Buckingham-Palast einen Interviewtermin bei Prinz Philip. Er blickt bei der Frage nach der Tigerjagd mannhaft in die Kamera und steht zu seiner Tat: »*Ich habe in meinem Leben nur einen einzigen Tiger geschossen, damals in Indien. Man musste den Bestand regulieren. Die Natur kann das nicht allein. Wenn es zu viele Raubtiere gibt, dann muss man sie beseitigen, um andere Arten zu schützen.*«

Trotzdem war die Angelegenheit ärgerlich. Das Foto des ermordeten Tigers rief in England große Empörung hervor. Ausgerechnet jetzt! Denn im Frühjahr 1961 standen Prinz Philip und seine Freunde kurz davor, der Welt die Geburt des WWF zu verkünden. Für Prinz Philip war das Gruppenfoto mit dem Tiger ein reines Imageproblem. Jagd und Tierschutz gehören für ihn zusammen, nur Jäger sind nach seiner Philosophie gute Naturschützer. Die meisten Nationalparks in Afrika und Asien waren früher Jagdreservate für die weißen Eliten aus Europa und den USA. Um 1900 gab es in Indien noch 40.000 Tiger – bevor die schießwütigen Windsors und ihre wohlhabenden Freunde auftauchten und dazu beitrugen, die Zahl der Tiere bis zum Ende der Kolonialzeit auf 5000 Exemplare zu reduzieren.

Prinz Philip mit Beute und Elisabeth II., 1961

Die Tigerfrau

Es ist spät in der Nacht und die wilden Tiere sind auf Raubzug. **Vasudha Chakravarthi** geht vor uns her. Es sind nur wenige hundert Meter bis zu ihrem Haus, aber das tausendstimmige Gemurmel des Waldes ist mir nicht geheuer. Sie lacht mich aus und stapft, bewaffnet mit einem langen Stock, festen Schrittes voraus. Ihr Pferdeschwanz wippt energisch im Mondlicht. Die junge Frau lebt seit vier Jahren im Dschungel und hat keine Angst vor wilden Tieren. *»Sie kennen mich und wissen, dass ich ihre Freundin bin.«* Aber mich kennen sie nicht! Wir sind fast bei ihrem Haus angelangt, als sie plötzlich wie angewurzelt stehenbleibt und mit einer Taschenlampe die Büsche ableuchtet: *»Ein Leopard, ganz in der Nähe.«* Ich will wissen, ob Leoparden Menschen fressen. *»Nein, Menschen gehören nicht zu ihrer Diät. Sie töten Menschen nur um des Tötens willen.«* Wie beruhigend. Sie vertreibt den Leoparden mit Zischgeräuschen und wir sind endlich im sicheren Haus. Es wurde vor 160 Jahren als Jagdhütte von einem irischen Ehepaar gebaut, das sich in diese einsame Landschaft verliebt hatte. Noch immer baumelt ein Blechschild über der Eingangstür: *Hunting Lodge.* Vasudha hat das Haus mit eigenen Händen wieder hergerichtet, am Rand des *Mudumalai-*Tigerreservates im Süden Indiens.

Bevor sie sich für das Leben in der Abgeschiedenheit entschied, hatte sie einen gutbezahlten Job bei der *HSBC*-Bank in London: *»Es war interessant da, aber ich wusste irgendwann, dass mich ein Leben als Geschäftsfrau nicht glücklich macht. Es entfremdet mich von mir selbst.«* Ihr Mann trennte sich von ihr, weil er ihre Leidenschaft für die Wildnis nicht verstand.

Jeden Morgen streift sie ihren gefleckten Tarnanzug über und geht mit dem Fotoapparat auf Spurensuche. Allein und ohne Waffe. Siebenmal ist sie bei ihren Streifzügen schon auf einen Tiger gestoßen, Angst hatte sie nie: *»Einmal stieß ich auf eine Tigerin, die gerade einen Hirsch gerissen hatte. Ich saß nur wenige Meter von ihr entfernt und begann zu fotografieren. Sie sah mich an und ließ mich gewähren. 40 Minuten lang saßen wir einander gegenüber. Sie hätte mich jederzeit töten können, aber ich wusste, sie würde es nicht tun. Es gab zwischen uns ein stilles Einverständnis.«* Vasudha zeigt mir ihre Tigerfotos auf dem Laptop, veröffentlicht hat sie keines davon: *»Das kann ich den Tigern nicht antun. Dann kommen noch mehr Menschen aus den reichen Ländern hierher, um sie anzugucken.«*

Als wir am nächsten Morgen von den Sonnenstrahlen geweckt werden, die durch die Ritzen der hölzernen Fensterläden hereindringen, ist Nachbar Antony schon da, um nach dem Rechten zu sehen. Er wohnt drei Kilometer entfernt. Seine 10-jährige Tochter Preebi ist auch mitgekommen. Antony repariert die Wasserleitung, die von Vasudhas Brunnen in die Küche führt. Ein Elefant war in der vorherigen Nacht zu Besuch und hat die Leitung zertreten.

Vasudha stellt mir ihre kleine Freundin Preebi vor, *»eine der besten Spurensucherinnen, die es gibt.«* Preebi geht oft mit ihr auf Streife, um die Spur der Tiger aufzunehmen. Sie kennt sich im Wald aus, weil sie jeden Morgen sieben Kilometer durch den Tigerwald zur Schule gehen muss. Vor kurzem habe sie einen Tiger mit *»sooo einem dicken Kopf«* getroffen. Sie erzählt es mit unüberhörbarem Stolz und breitet dabei die Arme aus, soweit sie kann. Hat sie Angst gehabt? Sie sieht mich erstaunt an: *»Nein, warum denn?«* Nur einmal hatte sie einen Konflikt mit einem Tier. Auf dem Nachhauseweg von der Schule wurde sie von einer riesigen Kobra angegriffen. *»Ich musste sie mit einem Stock erschlagen.«*

Vasudha und Preebi haben eine Idee: Wir gehen morgen gemeinsam auf Tigersuche. Preebi hat ein paar Kilometer von hier entfernt den Kadaver eines Zamba-Hirsches gesehen – offenbar eine Tigermahlzeit.

Preebi im Tigerwald

Der Tiger dürfte sich noch in der Nähe seiner Beute aufhalten, denn die Mahlzeit reicht für zwei bis drei Tage. Das Angebot ist verführerisch, aber ich gebe zu, dass ich Angst habe. Die beiden schwören auf den Tigergott, dass nichts passieren wird, denn Tiger mögen kein Menschenblut. Aber es gibt doch menschenfressende Tiger! *»Es gibt nur wenige dieser Man-Eater«*, räumt Vasudha ein. *»Ansonsten töten Tiger Menschen nur, wenn sie sich bedrängt fühlen, oder aber wenn sie zu alt und schwach sind, um andere Beutetiere zu jagen.«*

Ich verzichte dankend auf die Aussicht, als Mahlzeit für einen Tigeropa herzuhalten, und die beiden sehen mich enttäuscht an. Ich sei eben ein Weichei; nicht viel mutiger seien die selbsternannten Tigerexperten aus der ganzen Welt, die hier scharenweise anreisen würden: *»Die sollten lieber zu Hause bleiben.«* Denn aus Angst vor dem Tiger rücken sie nur unter dem Geleitschutz bewaffneter Ranger und in sicheren

Fahrzeugen in den Dschungel vor und stören so das Leben der Tiere. Vasudhas Zorn kommt jetzt wie ein Vulkanausbruch über mich: »*Warum überlasst ihr den Wald nicht den Menschen, die in ihm leben? Ihr habt die Macht und das Geld, mit Jeeps in die Kernzonen der Reservate hineinzufahren. Viele Wildtiere sind bei Unfällen mit den Touristenjeeps ums Leben gekommen. Kannst du dir vorstellen, welche Lärmverschmutzung der Öko-Tourismus mit sich bringt? Für ein paar zusätzliche Dollar fahren die Ranger ganz dicht an die Tiere heran, um sie dazu zu bringen, auf die Jeeps loszugehen. Das bringt einen Extrakick. Früher waren unsere Elefanten die friedlichsten Wesen, die man sich vorstellen kann. Jetzt sind sie so gereizt, dass sie immer häufiger Menschen angreifen. Erst gestern hat ein Elefant im Nachbardorf zwei Menschen getötet. Das ist alles eine Folge dieses Tigerrummels im Westen. Euer Geld brauchen wir nicht. Lasst den Tiger in Ruhe, dann hat er vielleicht noch eine Chance.*«

Ullash Kumar

Gegen Ende der Kolonialzeit richteten die Briten in Indien und Nepal die ersten Schutzgebiete für Großwild ein. Nach ihrem Abzug übernahm der WWF die Autorenschaft beim Tigerschutz und startete 1972 die Kampagne *Operation Tiger*. Er brachte die Regierung unter Indira Gandhi dazu, 15 Reservate einzurichten, in denen die Tiger ungestört vom Menschen leben konnten. Die Stämme, die in den Tigerwäldern lebten, wurden von den lokalen Behörden mit Gewalt vertrieben. Fast eine Million Menschen verloren so ihre Heimat.

Trotzdem ging die Zahl der Tiger immer weiter zurück. Heute gibt es nur noch etwa 1000 indische Tiger, der WWF spricht von 1700. Was ist passiert? Diese Frage hat sich auch ein Naturschützer gestellt, der schon als Kind von der Idee beseelt war, den bedrängten Tigern, Elefanten und Nashörnern des Landes zu helfen.

Ullash Kumar lebt in der Millionenstadt *Bengaluru*, der Hauptstadt des südlichen Bundesstaates *Karnataka*. Ein sanfter Mann mit Bart und weichen Gesichtskonturen, der sich selbst als »*Wildlifer*« und »*Umweltaktivist*« bezeichnet. Gefunden habe ich ihn über das Internet. Seine Artikel sind mir wegen ihrer Klarheit und Präzision aufgefallen. Mir war sofort klar, dass hier kein Salonökologe schreibt, sondern jemand, der selbst in den Dschungel geht. Über E-Mail habe ich Kontakt zu ihm aufgenommen. Jetzt sitzen wir uns gegenüber und ganz entgegen meiner Erwartung offenbart er mir als Erstes seine tiefe Liebe zum WWF.

Ullash Kumar, Naturschützer

Als Schuljunge war er Mitglied eines WWF-Jugendclubs und lernte bei Exkursionen in den Wald seiner Heimat *Nilgiri*, wie man Tiere und Pflanzen bestimmt: »*Ich bin dem WWF sehr dankbar für diese Erziehung. Nach dem Studium wurde ich Sekretär der Nilgiri Wildlife Association, die ganz auf der Linie des WWF arbeitete. Wir kämpften für die Vergrößerung eines Tigerreservates. Auf dem Gebiet lebte ein Adivasi-Stamm und er sollte umgesiedelt werden. Für mich war klar, dass sie gehen mussten, und ich glaubte ernsthaft, sie würden sich freuen: Ihre Haustiere wären vor den wilden Tieren sicher, sie könnten ihre Kinder zur Schule schicken und bessere Jobs finden, als im Wald Früchte zu sammeln oder Gummibäume anzuzapfen.*

Zu meiner großen Überraschung ging der Stamm vor Gericht. Er kämpfte um sein Recht, im Wald zu bleiben. Ich wollte verstehen, was diese Menschen dachten und fühlten, und entschloss mich, sie aufzusuchen. Das war der Anfang eines tiefen Wandels in mir, der dazu geführt hat, dass ich das westliche Naturschutzmodell heute vehement ablehne. Der WWF verfolgt sein elitäres Naturschutzmodell aber nach wie vor. Das Wesen der Naturvölker ist ihm wohl eher fremd geblieben.«

Ullash Kumar gehört zu einem Netzwerk indischer Naturschützer, die mit den Waldmenschen ein Bündnis eingegangen sind. *»Nur die Stämme können den Tiger und andere Tiere retten – sie sind unsere Hoffnung.«* Die meisten indischen Intellektuellen haben keinen Kontakt mit den Adivasi, die in Indien als »Unberührbare« gelten. Sie stehen sozial unterhalb aller Kasten, und auch für engagierte Naturschützer ist es offenbar schwer, über den Schatten des Systems zu springen.

Im Namen der Doktrin vom menschenfreien Dschungel sollen jetzt noch einmal bis zu einer Million Adivasi umgesiedelt werden, denn die alten Reservate werden vergrößert und neue sollen entstehen. Viele Stämme wehren sich gegen die erneute Vertreibung. Ullash Kumar glaubt, dass sie sich auch mit Entschädigungszahlungen nicht von ihrem Wald trennen werden: *»Ein Stamm bekommt ungefähr 40 Lakh Rupien Entschä-*

digung, wenn er seinen Wald aufgibt; das sind ungefähr 60.000 Euro. Das ist schnell weg. Wo sollen sie leben? Und wovon? Niemand will sie haben. Sie gehen in den Slums der Städte unter.«

Auf unserer Fahrt zum *Nagarhole*-Nationalpark erklärt Ullash, was *Adivasi* bedeutet: »*Die, die zuerst hier waren.*« Die Stämme lebten in den Wäldern, bevor die heute dominanten Bevölkerungsgruppen Indien besiedelten. Jahrzehntelang wurden ihre Interessen mit Füßen getreten; kein Wunder, dass einige Stämme mit der maoistischen Guerrilla sympathisieren, die Indien in Atem hält. In der Stadt *Mysore* halten wir an einem Kiosk und kaufen eine *Indian Times* mit der Schlagzeile: »*Sechs WWF-Mitarbeiter gekidnappt.*« Rebellen des Bodo-Volkes haben die WWF-Mitarbeiter entführt, als sie im Dschungel von Assam einen Tigerzensus durchführten. Die Armee schickt eine Spezialeinheit in den Dschungel, um die Geiseln mit Gewalt zu befreien. Alltag in Indien. Auch in dem Gebiet, in das wir fahren, gibt es immer wieder Überfälle der maoistischen *Naxaliten* auf Polizeistationen sowie auf Büros der Forstbehörde.

Beim Stamm der Honigsammler

Nach sechs Stunden Fahrt sind wir im *Nagarhole*-Nationalpark angekommen. Affen hüpfen grazil über die Straße, dann und wann begegnet uns ein Elefant, und in der Dämmerung starrt uns aus dem Busch mit glühenden Augen ein Leopard an. Die Hütten des Stammes der Honigsammler kommen in Sicht. Kurz vor ihrem Dorf steht am Straßenrand ein großes Schild: *Anhalten verboten*. Doch wir haben eine Sondergenehmigung der Parkverwaltung und dürfen einkehren. Das halbe Dorf ist auf den Beinen, um uns zu begrüßen; an der Spitze die Stammesführerin **Muthamma**, eine dunkle Schönheit im langen, weißen Sari, die ohne Vorrede zur Sache kommt: *»Vor zehn Jahren sind wir das erste Mal umgesiedelt worden – hierhin in die Pufferzone des Nationalparks. Jetzt wird das Tigerschutzge-*

Muthamma, Stammesführerin

biet ausgeweitet und wir sollen wieder weg. Die Regierung behandelt uns wie Gegenstände. Wir werden nicht weichen – nur tot kann man uns aus unserem Wald wegbringen.«

30 Dörfer in der Gegend sollen verschwinden – insgesamt 15.000 Menschen. Muthamma hat mit den anderen Dörfern Kontakt und organisiert den Widerstand: *»Wir leben seit Jahrhunderten mit den Tieren zusammen; wir töten sie nicht, und die Tiger töten uns nicht. Der Tiger ist für uns eine Gottheit. Drüben im Wald gibt es einen Tigeraltar. Die Naturschützer aus der Stadt verstehen den Wald nicht. Solange wir hier leben, sind auch die Tiere sicher. Wenn wir weg sind, haben die Holzfäller und Wilddiebe freie Bahn.«*

Von der ersten Vertreibung aus dem Nagarhole-Nationalpark hätten nicht die wilden Tiere profitiert, sondern die Geschäftemacher aus der Stadt, so Muthamma. Bestimmte Gebiete im Nationalpark wurden wenige Jahre nach der Ver-

treibung der Ureinwohner von der Regierung zu Waldnut-
zungszonen »umgewidmet«. Allein im Nagarhole-Park entstanden auf dem Gebiet von 40 ehemaligen Adivasi-Dörfern
Eukalyptus- und Teakholzplantagen. Überall in Indien drin-
gen Holzeinschlagsfirmen, Bergbauunternehmen und Fabri-
ken in die Nationalparks vor und dezimieren sie. Oft ist die
Enteignung der Adivasi nur der erste Schritt zur Eroberung
des Waldes durch die Industrie.

Das hinderte den WWF Indien nicht daran, die Adivasi im
ganzen Land zumindest indirekt weiter unter Druck zu setzen.
Er war mit der indischen Regierung unzufrieden, weil sie die
Umsiedlungspolitik in den 1980er-Jahren schleifen ließ – aus
Gleichgültigkeit oder auch, um weitere Konflikte zu vermeiden. Im August 1997 erwirkte der WWF Indien schließlich
ein Urteil des Obersten Gerichtshofes, das die Regierungen
der Bundesstaaten dazu zwang, die vereinbarten Umsiedlungen der Adivasi innerhalb eines Jahres durchzuführen.[1] Der
WWF sah in diesem Beschluss einen historischen Sieg der
Naturschutzbewegung, Millionen Waldmenschen jedoch bekamen Angst; sie würden ihre Sachen packen und aus dem
Wald verschwinden müssen. Wenn sie bleiben durften, mussten sie ihre wirtschaftlichen Aktivitäten einstellen: Jagen, Fischen oder das Sammeln von Waldfrüchten.

Das vom WWF herbeigeführte Urteil war aus Sicht des
prominenten indischen Umweltschützers und Greenpeace-
Präsidenten **Ashish Kothari** »selbstmörderisch«. Denn überall
im Land kam es als Folge des Richterspruchs zu Unruhen und
Widerstandsaktionen. »*Naturschützer, die glauben, dass wilde
Tiere unter solchen Bedingungen geschützt werden können, leben in einem Paradies für Verrückte*«[2], so Ashish Kothari. Die

Adivasi sahen jetzt in den Naturschützern ihre natürlichen Feinde, und die Menschenrechtsbewegung *Ekta Parishad* organisierte einen Marsch von 30.000 Adivasi auf die Hauptstadt *Neu Delhi*. Vereinzelt gab es auch gewalttätige Aktionen: Einige Stämme gingen aus Verzweiflung dazu über, Tiger zu vergiften. Ohne Tiger keine Vertreibung, das war ihre letzte Hoffnung. Im gesamten Land führte die Umsiedlungspolitik zu Gewalt und Chaos.

Der Widerstand der Adivasi gegen ihre Enteignung wurde so stark, dass das indische Parlament im Dezember 2006 das *Gesetz über die Waldrechte* verabschiedete, mit dem die Eigentumsrechte der Ureinwohner zum ersten Mal gesetzlich garantiert wurden. Jedem Adivasi stehen demnach 2,5 Hektar Waldland zu. Umsiedlungen darf es nur noch auf freiwilliger Basis geben. Das Gesetz rief heftigen Protest und juristische Gegenattacken von Naturschutzverbänden und der Forstbehörde hervor; im Alltag der Forstverwaltung wird der Beschluss häufig ignoriert. Immer wieder kommt es zu illegalen Vertreibungen. Immerhin haben die Adivasi und andere Waldvölker jetzt die Chance, ihre Rechte vor Gericht einzuklagen. Unterstützung erhielten sie auch von den Vereinten Nationen. Im September 2007 beschloss die UN-Vollversammlung in New York die *Deklaration über die Rechte der indigenen Völker*.

Der WWF verweist gerne auf seine eigene *»Prinzipienerklärung«*, nach der Naturschützer und Naturvölker *»natürliche Verbündete«* im *»Kampf für eine gesunde natürliche Welt«* werden sollten. In dem Dokument erkennt der WWF an, dass die Naturvölker *»häufig als Beschützer der Natur in Erscheinung getreten sind«*. Trotz dieser hehren Erklärung hält der

WWF in Indien an der Umsiedlungspolitik fest – allerdings müsse sie, wie es im Gesetz steht, auf *»freiwilliger Basis«* erfolgen.

Muthamma kann darüber nur lachen. Um die Umsiedlungsbereitschaft ihres Stammes zu fördern, hat die Forstverwaltung ihm die Nutzung des Waldes verboten, der ihnen in den 1990er-Jahren als Ersatzlebensraum zugewiesen wurde. *»Wir dürfen keine Tiere halten und keinen Honig mehr ernten, die Grundlage unseres Lebens«*. Die wirtschaftliche Nutzung des Waldes, so kaut die Forstbehörde die WWF-Ideologie wieder, beschädige seine *»Ursprünglichkeit«*. Wie überlebt Muthammas Volk? *»Wir werden jeden Tag mit einem LKW abgeholt und zu einer Kaffeeplantage gebracht. Dort müssen wir für 120 Rupien (2 Euro) am Tag arbeiten; die anderen Arbeiter bekommen das Doppelte. Wir müssen das tun, sonst würden wir vor Hunger sterben. So wollen sie unseren Stolz brechen.«*

Landraub

Das Waldnutzungsverbot führt zum schleichenden Verlust des Gemeineigentums der Adivasi – und am Ende zum Untergang ihrer Kultur; sie treibt der Plantagenwirtschaft, die sich in die Wälder hineinfrisst, ein Heer billiger Arbeitskräfte in die Arme. Die *»freiwillige«* Umsiedlung ist in der Praxis nichts anderes als eine Fortsetzung der alten staatlichen Vertreibungspolitik mit sanfteren Mitteln. Die Prinzipienerklärung des WWF macht einen guten Eindruck auf Konferenzen, Fachtagungen und auf den Websites. Aber sie ist nicht viel mehr als ein Papiertiger, die Wirklichkeit ist hier.

Im Dorf der Honigsammler haben sich inzwischen fast alle Einwohner um uns herum versammelt. Mir fällt auf, dass sich die Frauen mit größter Selbstverständlichkeit und Freimut an der Debatte beteiligen. In der Menge entdecke ich einige Männer mit Babys auf den Armen. Die klassische Arbeitsteilung zwischen den Geschlechtern existiert hier offenbar nicht. Schon Buddha war von der egalitären Kultur der Adivasi tief berührt, als er vor 2500 Jahren durch Indien reiste. Er erhob sie zum Modell für seine Idee einer menschlichen, genügsamen und demokratischen Gesellschaft. So sollte der Mensch auf Erden leben: ohne Geld und ohne Gier nach materiellem Besitz. Viele Elemente dieser Kultur sind noch erhalten, aber auch die Adivasi sind nicht resistent gegen die Verlockungen des Konsums. Das wird klar, als die Stille des Waldes plötzlich vom elektronischen Ring-Ring eines Telefons gestört wird. Muthamma lächelt verlegen und kramt ein Handy aus der Tiefe ihres Kleides. Alle lachen.

Ein alter Mann meldet sich zu Wort und stellt sich als **Bhaskaran** vor. Er hat für den indischen Tigerforscher Dr. K. Ullas Karanth als Spurensucher gearbeitet: *»Wir wissen, wo die Tiger sind, und können seine Spuren lesen. Er wollte den Tigern Halsbänder mit Peilsendern umlegen, um ihre Bewegungen zu orten. Dazu muss der Tiger mit einem Betäubungsgewehr außer Gefecht gesetzt werden. Aus Angst geben die Wissenschaftler ihm oft eine zu hohe Dosis und er stirbt an Herzversagen. Ich habe das mit eigenen Augen gesehen. 15 Tiger sind auf diese Weise ums Leben gekommen. Sie wurden beim Tigerzensus trotzdem mitgezählt. Man hat die Sender einfach im Dschungel liegen lassen und sie senden weiter, als würden die Tiger noch leben.«*

Ob der WWF von den Todesfällen, die der Tigerschutz verursacht, weiß, ist nicht bekannt. Das spendende Publikum im Westen jedenfalls hat davon noch nichts gehört. Der WWF sammelt für das Aufstellen von Tiger-Fotofallen und für die kostspieligen Peilsender, obwohl ihr wissenschaftlicher Wert angezweifelt werden kann. In einem Spendenaufruf mit dem Titel *Tiger in Not* bittet der WWF um einen Spende von 60 Euro: *»Damit können wir Fotofallen installieren. Die Bilder geben Auskunft, in welchen Gebieten Tiger leben. Diese Informationen sind sehr wichtig und Grundlage für die Festlegung und Ausweisung neuer Schutzgebiete.«*[3]

Das sei *»unnötig«*, sagt Ullash Kumar, *»wenn es in einem Wald Tiger gibt, dann kann dir das jeder Bewohner in den umliegenden Dörfern sagen.«* Tiger hinterlassen eindeutige Spuren, mit denen sie ihr Revier markieren. Ullash Kumar hält die Tigerkampagne deshalb für nutzlos, aber sie sei ein großes Geschäft, von dem in Indien viele Menschen leben: Beamte, Tigerexperten und Politiker. Je mehr Tiger ein Bundesstaat an die Zentralregierung meldet, desto mehr Geld bekommt er aus dem staatlichen Tigerbudget, das sich wiederum aus internationalen Zuwendungen speist.

Die Tigerpolitik ernährt also indirekt eine riesige und korrupte Forstverwaltung. Ullash Kumar erzählt mir von dem Schutzgebiet KMTR in *Tamil Nadu*, das gerade zum *»bedrohten Tigerhabitat«* erklärt wurde: *»Dabei gibt es in diesem Gebiet keinen einzigen Tiger mehr. Der letzte wurde vor 40 Jahren gesehen.«* Der Tigerschutz, so Ullash Kumar, sei für die Behörden ein *»Vorwand, um an Geld und Land heranzukommen«*. Die Forstbehörde wolle die *»totale Kontrolle«* über die Nationalparks. *»Die Eingeborenen stören ihre Pläne.«*

Ullash Kumar kennt viele Beispiele für die Korruption von Forstbeamten: Gegen Geld vergeben sie illegale Holzeinschlagskonzessionen, gegen Geld verschaffen sie reichen Geschäftsleuten und Politikern aus der Stadt eine Sondergenehmigung, damit sie in der geschützten Pufferzone der Parks Luxushäuser bauen können. Immer wieder liest man in der indischen Presse von Fällen, bei denen Parkbeamte in Wilddiebereien verwickelt sind und am Verkauf der Tiger verdienen, die sie eigentlich schützen sollen.

Nach Ullash Kumars Überzeugung ist der WWF für die dunklen Seiten der indischen Tigerpolitik zumindest mitverantwortlich: »*Er hat die indische Tigerpolitik entworfen, die zur Umsiedlung der Adivasi geführt hat, er fördert den Ökotourismus – lauter Dinge, die dem Tiger und den anderen Tieren schaden. Ich habe viele Freunde, die beim WWF einen Job gefunden haben. Wer in Indien Biologe ist, kommt um den WWF nicht herum, wenn er Arbeit sucht. Der WWF tut nach meiner Erfahrung auch Gutes, aber das Schlechte überwiegt. Am meisten Sorgen mache ich mir, weil der WWF sich seine Tigerkampagne von Konzernen wie Exxon Mobile finanzieren lässt. Damit wird er zum Handlanger von Mächten, die sich weder für die Waldmenschen noch für den Tiger richtig interessieren. Solche Konzerne, so meine Befürchtung, wollen sich über die Nationalparks vielleicht langfristig einen Zugriff auf Land verschaffen.*«

Oft kommt die Einrichtung von Nationalparks einer modernen Art des Landraubes gleich. Nationalparks sind weit mehr als ein Zufluchtsort für wilde Tiere, sie beherbergen viele wertvolle Rohstoffe. Der erste Schritt zum Landraub ist die Enteignung der Stämme. Damit geht das traditionelle Gemeineigentum verloren und das Land wird zur Ware. Nationalparks sind zwar in der Regel öffentliches Eigentum, aber die wirtschaftliche Ausbeutung der Ressourcen des Waldes wird privaten Unternehmen und Nicht-Regierungsorganisationen übertragen, die damit Profit machen.

Reiseveranstalter betreiben ein Geschäft mit dem Ökotourismus und die großen Pharma- und Nahrungsmittelkonzerne plündern das genetische Reservoir der Wälder. Sie wollen die Daten sammeln und nutzen, bevor ein Großteil der Arten ausgestorben ist. Häufig verhandelt der WWF mit, wenn es um die Rechte am genetischen Rohmaterial der Regenwälder geht. Er tritt auch dafür ein, dass die Ureinwohner an den Profiten beteiligt werden. So sollen sie in die globale Wirtschaft integriert werden.

Auch versorgt die Vertreibung der indigenen Völker die Bergbau- und Farmbetriebe am Rand der Wälder mit billigen Arbeitskräften. Nur wenige Vertriebene finden einen Job in der Tourismusindustrie. Die meisten Naturschutzflüchtlinge der Erde enden wie Muthamma und ihre Stammesangehörigen als moderne Sklaven auf den Plantagen, die sich überall auf der Welt am Rande der Regenwälder ausbreiten. Immer größere Waldflächen auf der südlichen Hemisphäre werden für den globalen Kapitalismus aufgeschlossen – nicht zuletzt im Namen des Naturschutzes.

Am Abend verabschieden wir uns von den Honigsammlern. Von Muthamma wird es ein Abschied für immer, denn wenige Monate nach dem Treffen mit ihr erhalte ich von Ullash Kumar die traurige Nachricht, dass diese kluge und charismatische Führerin der Adivasi an Nierenversagen gestorben ist.

Auf Leonardo DiCaprios Spur

Bei unserer Reise durch das Tigerland frage ich mich immer wieder, was **Leonardo DiCaprio** von dem Konflikt zwischen Waldmenschen und Naturschutz hält. 2010 kündigte der WWF an, der Hollywoodstar werde als *Tigerbotschafter* nach Indien aufbrechen, um sich selbst ein Bild von der Lage der Großkatzen zu machen. Doch Ullash Kumar hat nichts von dieser Reise mitbekommen und beim WWF Indien erfahre ich: DiCaprio war nie hier.

Auf Nachfrage teilt der WWF USA mit, der Star habe sich anders entschieden und sei nicht nach Indien, sondern ins Nachbarland Nepal gereist – und zwar »*geheim*«; deshalb gibt es auch kein Filmmaterial und keine Fotos von dem Besuch, außer einem einzigen: Im königlichen *Bardia*-Nationalpark stellt DiCaprio gemeinsam mit einem WWF-Mitarbeiter eine Fotofalle auf. Die Gesichter kann man kaum erkennen, es ist das Foto eines Hobbyfotografen. Es könnte auch in Kalifornien aufgenommen worden sein. Ist das alles etwa nur ein Fake, eine große PR-Lüge? Von Neugier getrieben, fliegen wir nach *Kathmandu.*

Bei der Landung leuchten nebeneinander die weißen Gipfel des Himalaya auf; jeder der acht Bergriesen ist über 8000 Meter hoch. Auch in der Hauptstadt Kathmandu gibt es niemanden, der Leonardo DiCaprio gesehen hat. Er war in keinem Hotel und auch kein einheimischer Journalist hat von dem Besuch des Stars erfahren. Aber was ist mit dem Mann auf dem Foto, der neben DiCaprio hockt und ihm beim Aufstellen der Fotofalle hilft? Es soll sich dabei um einen nepalesischen WWF-Tigerexperten handeln.

Diesen Mann müssen wir finden, um die Zweifel zu beseitigen. Dazu engagiere ich den nepalesischen Rechercheur **Rajendra Shakya**. Er braucht nur ein paar Stunden, um den Gesuchten ausfindig zu machen: Sein Name ist Pradeep Khanal, er arbeitet zurzeit als Supervisor im Nationalpark *Chitwan*. Wir mieten uns ein Auto und fahren frohen Mutes los. *Chitwan* ist nur 190 Kilometer von Kathmandu entfernt, doch die Reise dauert fast acht Stunden. Um der verstopften Metropole mit ihren über eine Million Einwohnern zu entkommen, brauchen wir schon zwei Stunden. Dann geht es hinter Lastwagen im Schneckentempo einen 2600 Meter hohen Pass hinauf, anschließend in langen Serpentinen die staubige Straße hinunter in das fruchtbare und grüne Tal der nepalesischen Tiefebene, des *Terai Arc*.

Kurz vor Einbruch der Dunkelheit treffen wir in der Kleinstadt *Sauraha* ein, dem Ausgangspunkt der Tiger-Safaris im *Chitwan*-Nationalpark. Mit Touristen beladene Elefanten kommen uns auf der staubigen Straße entgegen. *Sauraha* ist ein Paradies für zahlende Ökotouristen aus aller Welt. Über 50 Safari-Lodges bieten Urwald-Expeditionen an: in Jeeps, auf Booten, Elefanten oder zu Fuß. Shops mit Kunsthandwerk des Waldvolkes der *Tharu*, Läden mit Schlabberhosen, CDs, Klangschalen, Tropenhüten und viele Cafés säumen die beiden Hauptstraßen des Ortes. Eine Art Disneyland für Dschungelbuch-Touristen.

Von unserem Zimmer in der Lodge haben wir einen Blick über den Fluss *Napti Radi*. Auf der anderen Seite beginnt der Wald. Wir starren in sein unheimliches Dunkel. Aus dem Nebel über dem Fluss taucht geräuschlos ein langes Kanu auf, an den Rudern zehn mit Maschinenpistolen bewaffnete

Parkranger. Sie sehen martialisch aus. Der Tiger ist auch hier ein wertvolles Wirtschaftsgut und wird von der chinesischen Mafia gejagt.

Die Tharu können ihn nicht mehr schützen, denn sie wurden schon vor über 30 Jahren ausnahmslos umgesiedelt. Im Vergleich zum Chaos der indischen Tigerpolitik ist der *Chitwan*-Park trotzdem eine Erfolgsstory: Die Bestände von Tigern und Nashörnern sind stabil, sie wachsen sogar. Seit 1967 unterstützt der WWF die Verwaltung des Nationalparks. Als wir in der Nacht auf der Terrasse eines Restaurants die nepalesische Küche in Form von Spaghetti Bolognese kosten, taucht ganz überraschend **Pradeep Khanal** auf. Die Buschtrommeln haben verbreitet, dass wir ihn suchen.

Der WWF-Tigerexperte erweist sich als freundlicher und offener Mann. Eigentlich darf er nicht über Leonardo DiCaprio sprechen, aber so viel verrät er uns doch: Der Mann aus Los Angeles war tatsächlich hier und sei drei Tage lang mit ihm im Nationalpark *Bardia* unterwegs gewesen. DiCaprio habe sich dabei als »*wahrer Kenner*« des Tigers erwiesen. »*Er meint es ehrlich mit seinem Tigerprojekt, im Umgang ist er bescheiden und höflich*«. Aber warum um alles in der Welt versteckt er sein Engagement vor der Öffentlichkeit, das ist doch sonst nicht die Art von Hollywood-Stars?

Der arme Pradeep beginnt zu schwitzen und packt schließlich aus, aber nur, um zu verhindern, dass ich eine Verschwörungstheorie in die Welt setze: »*Leonardo DiCaprio war nicht allein, er hatte ein ganzes Kamerateam dabei.*« Das ist das eigentliche Geheimnis: DiCaprio arbeitet klammheimlich an einem Dokumentarfilm, in dem er als Retter der Tiger die Hauptrolle spielt und bei dem er auch noch die Regie führt.

An diesem Abend schüttet Pradeep uns sein WWF-Herz aus. Er liebt die Arbeit im Terrain und möchte, dass wir das Gute am WWF verstehen. Unsere negativen Erfahrungen in Indien lässt er nicht gelten: »*Wir wissen, dass es in Indien nicht funktioniert, dort ist der WWF oft nur Anhängsel des Staatsapparates.*« In Nepal sei alles besser; der Staat verfolge eine strategisch durchdachte Schutzpolitik, bei der mehrere Nationalparks und Schutzgebiete durch grüne Korridore miteinander verbunden werden. So entsteht eine zusammenhängende »*Tigerlandschaft*«. Die kommunistische Regierung des Landes höre auf den Rat des WWF.

Offen gibt er zu, dass »*der WWF die Eingeborenenstämme anfangs nicht an der Konzeption von Tigerschutzgebieten beteiligt*« habe. »*Aber irgendwann haben wir verstanden, dass man den Tiger nur schützen kann, wenn man die Leute vor Ort einbezieht. Denn der Tiger hält sich nicht an die Grenzen des Reservats. Sobald er in die Pufferzone kommt, gibt es Konflikte mit den Menschen, die dort ihre Felder haben. Der Tiger reißt das Vieh der Bauern und macht sie sich zum Feind.*« Der nepalesische Staat habe gemeinsam mit dem WWF Konzepte entwickelt, um die Betroffenen schnell und unbürokratisch zu entschädigen.

Obwohl Pradeep ein kluger und vorsichtig urteilender Mann ist, verteidigt er die Zwangsumsiedlung des Volkes der Tharu: »*Für sie war es besser. Nachts wurde der Park geschlossen, sie konnten nicht mehr heraus, selbst dann nicht, wenn sie einen Arzt brauchten; es gab keine Schulen und keine beruflichen Perspektiven für die jungen Leute. Die Umsiedlung ist für alle Seiten eine Win-win-Situation.*« Rajendra, mein Reisebegleiter, rutscht unruhig auf seinem Stuhl hin und her und kann nicht mehr an sich halten. In Wahrheit seien die Tharu durch die Vertreibung untergegangen, wendet er ein. Die Tourismusindustrie haben sich clevere Geschäftsleute aus *Kathmandu* unter den Nagel gerissen: *»Hier gibt es 50 Safari-Unternehmen. Nur ein einziges davon gehört einem Tharu.«*

Pradeep nickt zustimmend und höflich: Es stimmt, die Tharu seien in der nepalesischen Gesellschaft *»marginalisiert«*, aber es gebe auch für sie *»lukrative«* Arbeitsplätze: Abends nach dem Dinner führen sie den Touristen ihre traditionellen Tänze vor oder machen mit beim großen Biogasprojekt des WWF. Dabei werden organische Abfälle und menschliche Fäkalien gesammelt und in Energie verwandelt.

Besonders am Herzen liegt Pradeep eine kleine Werkstatt, die hier im Ort mit Hilfe des WWF gegründet worden ist: Die Mitarbeiter dieser Firma laufen den mit Touristen beladenen Elefanten hinterher und sammeln ihren Dung ein. Jeder Elefant produziert davon 50 Kilogramm am Tag. In der kleinen Fabrik waschen die Tharu die Fasern aus dem Dung und machen daraus Briefpapier und Pappschachteln für die Touristen. Für Pradeep eine klassische *»Win-win«*-Situation. Könnten die ehemaligen Herren des Waldes das Sammeln von Elefantenkacke auch als Demütigung empfinden? Pradeep Khanal hält das für ausgeschlossen.

4. FISCHIGE FREUNDE

Ab Mitte der 1980er-Jahre wollte der WWF mehr sein als nur ein Naturschutzbund, der sich für die großen, charismatischen Tiere der Erde einsetzt. Mit einem neuen, ökologischen Ansatz machte er sich auf den Weg, die ganze Schöpfung vor den Grundübeln der Moderne schützen. Welche das waren, beschrieb WWF-Gründer **Max Nicholson** auf einer Rede zum 20. Geburtstag der Organisation: *»Die rücksichtslose, schädliche technische Entwicklung, die maßlose Verschwendung der leicht zugänglichen Energiereserven dieser Welt und schließlich die sinnlose Vermehrung wie unter wild gewordenen Karnickeln. Die traurige Wahrheit ist, dass irgendjemand diese drei großen Scheusale wird bekämpfen müssen, und wenn wir es nicht tun, wer dann?«*[4]

Im Mission Statement des WWF von Ende 1989 ist zum ersten Mal von einer »nachhaltigen Nutzung erneuerbarer Ressourcen« die Rede – nur so könnten die Artenvielfalt und die natürliche Umwelt des Planeten angesichts der menschlichen Überbevölkerung gerettet werden. Der WWF hat sich unter der Präsidentschaft von Prinz Philip (1981-1996) zu einer globalen Umweltorganisation weiterentwickelt und kooperiert dabei sehr häufig mit Konzernen, die gleichfalls weltweit unterwegs sind. Bei dieser Paarung von Panda und Profit ist ein gemeinsames strategisches Projekt gezeugt worden: die *Green Economy.* Ein Projekt der Moderne, dass uns trotz Klimakrise und Regenwaldsterben Heil verspricht: mehr Wachstum und mehr Konsum bei gleichzeitigem Erhalt der natürlichen Ressourcen – auf dem Lande und im Wasser.

Wenn ich früher den sympathischen Panda auf einem Plakat, einer Suppentüte oder einer Bierdose entdeckte, regten sich zumeist positive Gefühle in mir, eine Folge des erfolgreichen Marketings: Der Panda gilt inzwischen als eine der vertrauenswürdigsten Marken der Welt. Erst durch einen Zufall stieß ich auf eine Geschichte, die mein persönliches Panda-Bild erschüttert hat. Im Bremer Steintor lief mir eine alte Bekannte aus Chile über den Weg, die ich seit Jahren aus den Augen verloren hatte, **Luisa Ludwig**. Sie war nach dem Militärputsch Pinochets im deutschen Exil, später ging sie zurück, um als Lehrerin an der deutschen Schule in Santiago zu arbeiten. Heute betreibt sie im Süden Chiles eine kleine Pension – in einem Örtchen mit dem melodischen Namen *Puyuhuapi*. Dort gibt es nichts außer Berge, Gletscher, Fjorde und einige Lachsfarmen, in denen es zu einem ökologischen Kollaps gekommen ist. Schätzungsweise 100 Millionen Lachse seien qualvoll in ihren riesigen Käfigen verendet, so Luisa. Auf den ersten Blick schienen sie Opfer des tödlichen Lachsvirus ISA zu sein, gegen das es kein Mittel gibt. In Wirklichkeit sei die Katastrophe vor allem durch die Profitgier der Lachsunternehmen hervorgerufen worden, vor allem der Firma *Marine Harvest* aus Norwegen. Neugierig geworden, sehe ich im Internet nach und bin wie elektrisiert: Haupteigner dieser Firma ist **John Fredriksen**, einer der berüchtigsten Finanzinvestoren dieses Planeten. In Deutschland ist er bekannt, weil er seit Jahren mit dem russischen Oligarchen Mordaschow einen brutalen Kampf um die Vorherrschaft im TUI-Konzern führt.

Ich öffne die Website von *Marine Harvest* und entdecke neben rosa Lachsen und dem Versprechen, dass der Konzern seine *»soziale und ökologische Verantwortung«* sehr ernst nehme, den Panda des WWF. Irgendwie obszön, auf alle Fälle interessant genug, um der Geschichte nachzugehen. Im Februar 2009 breche ich mit meinem Kollegen Arno Schumann zu einer Reise ans Ende der Welt auf, um die Lachskatastrophe zu ergründen und herauszufinden, wie der Panda auf den Lachs gekommen ist.

Von *Santiago* aus fahren wir 1000 Kilometer auf der neuen Privatautobahn in den kalten Süden. 1981 war ich zum ersten Mal hier und erinnere ein grünes Paradies mit dunklen Wäldern, von Schnee überzuckerten Vulkanen und tiefen, blauen Seen. Doch südlich von Valdivia gibt es nur noch Zelluloseplantagen statt Wald. Dünne, braun-grüne Kiefern und Eukalyptusbäume, die in langen Reihen stehen wie Soldaten. Dazwischen breite und verschlammte Schneisen, die von den Erntemaschinen aufgewühlt worden sind.

Alle paar Jahre werden die Industriebäume abgeerntet, in wenigen Sekunden kahlgeschoren und in eine der gigantischen Zellulosefabriken geschafft, deren rauchende Schlote man kilometerweit sehen kann. Zurück bleibt eine kahle, industriell genormte und biologisch tote Landschaft. Der Ausverkauf der Wälder war eine Idee der *Chicago Boys*, einer Gruppe von Ökonomen, die die Pinochet-Diktatur mit Ratschlägen beglückte, wie man den natürlichen Reichtum des Landes innerhalb kürzester Zeit zu Geld machen könnte.

Seltsamerweise tragen inzwischen viele dieser Baumfabriken das Ökosiegel *Forest Stewardship Council (FSC)*, das vom WWF mitbegründet wurde. Es gilt als besonders gut und streng – nur »*nachhaltig*« produziertes Holz komme aus solchen Betrieben. Das verspricht zumindest der FSC-Verein mit Sitz in Bonn. Im Süden Chiles betreibt auch der Ölkonzern

Shell, ein wichtiger Geldgeber des WWF, riesige Baumplantagen, ebenso wie in Argentinien und Paraguay. Auch *Shell* hat dafür das grüne Siegel für *»nachhaltige Forstwirtschaft«* erhalten. Das Siegel erleichtert den Handel, aber auch das Gewissen der Käufer.

Die ursprüngliche Idee der FSC-Gründer war, dass mit seiner Hilfe Naturwälder bewirtschaftet und bewahrt werden sollten. In der Realität stammt ein großer Teil des Holzes mit dem FSC-Stempel inzwischen aus solchen Baumplantagen, die im Grunde nicht viel mehr als grüne Wüsten sind. Denn es gibt in ihnen keinen Lebensraum für Pflanzen und Tiere. Die paar Überlebenskünstler, die sich hier trotzdem ansiedeln, werden durch den Einsatz von Herbiziden und Pestiziden getötet.

Diese industriellen »Wälder« stehen meistens dort, wo es vorher Naturwälder gab. Das FSC-Siegel missbraucht meines Erachtens so das schöne, alte Wort »nachhaltig«. Es stammt ursprünglich aus der deutschen Forstwirtschaft und bedeutet: Das, was man dem Wald entnimmt, muss nachwachsen können; das Ökosystem Wald muss die Chance haben, sich zu regenerieren.

Der König der Lachse

Als wir uns der Stadt *Puerto Montt* nähern, riecht es nach verfaultem Fisch. Aber nicht die Lachsfarmen stinken, es sind die Fischmehlfabriken, in denen das Futter für die stets hungrigen Mastlachse produziert wird. Innerhalb von 18 Monaten wachsen die Tiere um 5 Kilogramm. Das geht nur mit Kraftfutter aus Fischmehl und Fischöl.

Der Gestank verfolgt uns bis zum Fährhafen *Pargua*, von dem aus wir auf die Insel *Chiloe* übersetzen. Auch auf dieser traumhaft schönen Insel mit ihren Pfahlbauten am Meer und ihren Fabeln von Wassergeistern war ich bereits 1981. Damals entdeckte ich Chiles Seele bei den Fischern und Kartoffelbauern und bei den tapferen jungen Menschen, die im Kampf gegen Pinochets Diktatur ihr Leben riskierten. Die Insel war arm, aber schön. Heute ist sie hässlich und kahl, und die Menschen sind immer noch arm, trotz des Lachswunders.

In den Fjorden heben sich die riesigen stählernen Ringe der Lachskäfige auf dem Blau des Wassers ab, Lastwagen mit roten Containern verstopfen die Landstraßen. In ihnen werden Millionen mit dem tödlichen Virus verseuchte Lachse transportiert. Sie wurden notgeschlachtet und sind jetzt auf dem Weg zur Entsorgung. Sie enden in einer der Fischmehlfabriken, wo sie zu Futterpellets für die überlebenden Lachse verarbeitet werden – chilenisches Recycling. Die Lachsseuche ISA ist ein ökologisches Desaster. Die meisten Farmen wurden auf Anordnung der Behörden schon geschlossen und für mehrere Jahre unter Quarantäne gestellt.

Achao ist ein düsterer Ort; es regnet seit Stunden auf die grauen Dachziegel aus Alerce-Holz. Die Fischrestaurants sind leer, auf der Straße torkeln uns ein paar betrunkene Männer in Regenjacken mit dem Aufdruck *Marine Harvest* entgegen. Am Ufer sitzen zwei alte Frauen unter einem Holzdach und verkaufen selbstgestrickte Pullover und Socken. So ernähren sie ihre Familien; die Männer sind wegen der Lachsseuche fristlos entlassen worden. Als Abfindung haben sie zwei Monatslöhne bekommen, umgerechnet 400 Euro.

Maria, eine der Frauen klagt: »Die Industrie hat uns Wohl-

stand versprochen, aber die Lachse haben nur Unglück gebracht. Mein Mann und die drei Söhne sind jetzt ohne Arbeit. Sie können auch nicht mehr in ihren alten Beruf als Fischer zurück. Es gibt nichts mehr zu fischen: keine Muscheln, keine Seeigel, alles ist tot.« Wer schuld ist an der Katastrophe, will ich von der Frau wissen. Ihre Antwort: *»Die Norweger. Sie haben viel Geld mit den Lachsen verdient. Nachdem sie unser Meer verseucht haben, machen sie sich aus dem Staub.«*

Ein Drittel der globalen Lachsproduktion liegt in der Hand des Norwegers **John Fredriksen.** Der korpulente und rotgesichtige »König der Lachse« ist mit geschätzten 10 Milliarden Euro Privatvermögen einer der reichsten Menschen des Planeten, er hat als kleiner Heringshändler angefangen und gilt in der norwegischen Bourgeoisie immer noch als Aufsteiger mit ungehobelten Manieren. Sein Leitspruch ist schlicht: *»Alles, was für die Aktionäre gut ist, ist auch gut für das Unternehmen.«* Mit einem kleinen Stab von 18 Mitarbeitern jettet er um die Welt und geht auf Beutezug.

Immer wenn ein Unternehmen schwächelt, das er für strategisch bedeutsam hält, schlägt er zu und kauft sich ein, bis er die Kontrollmehrheit der Aktien hat. Auf diese Weise hat er sich ein kleines Weltreich zusammengeklaubt: Ihm gehört mit *Frontline* die größte Tankerflotte der Welt, mit *Seadrill* ist er Marktführer bei Ölplattformen. Zum Lachs kam John Fredriksen eher zufällig. 2007 stand ein großes norwegisches Lachsunternehmen vor der Pleite. Er kaufte es auf und fusionierte mit zwei anderen Unternehmen aus der glibberigen Branche. Seitdem ist er auch im Lachsbusiness der Größte. 100 Millionen Lachse wirft seine Firma *Marine Harvest* pro Jahr auf den Weltmarkt. Aquakultur verspricht eine *»saubere«*

Produktion von Fisch in großen Mengen. Der WWF hat sich Fredriksens Konzern als Kooperationspartner erwählt – vermutlich, weil er glaubt, dass man mit der Massentierhaltung im Meer die Ernährungsprobleme der Zukunft lösen kann.

Schwimmende Apotheken

Der Zuchtlachs sei eine *»schwimmende Apotheke«,* sagt uns der Meeresbiologe **Héctor Kol** bei einer Bootsfahrt durch den Fjord von *Reloncaví,* ein paar Kilometer südlich von *Puerto Montt.* Dieser Fjord ist mit 38 Lachs- und Forellenfarmen völlig überlastet. Im Schnitt drängen sich 200.000 Lachse in einem Käfig, doppelt so viele wie in Europa erlaubt. Eine Farm mit sechs Käfigen kommt so auf über eine Million Exemplare. Die Farmen liegen viel zu dicht beieinander, Krankheitserreger können sich rasend schnell ausbreiten. Die Viruskatastrophe war vorhersehbar.

Vor einem Jahr kam es im *Reloncaví*-Fjord zu einem Massenausbruch von 130.000 Lachsen. Da Lachse Raubfische sind, haben sie den Fjord leergefressen. Für die Fischer bleibt da nichts mehr übrig. Héctor Kol kennt hier jede Lachsfarm, denn er hat für die Indus-

Héctor Kol, Lachs-Rebell

trie als Projektentwickler gearbeitet, bis ihm klar wurde, dass er mit seiner Arbeit dazu beitrug, das Ökosystem der Fjorde zu zerstören. Er kündigte und berät seitdem für einen Hungerlohn die Genossenschaften der Kleinfischer. Wo immer es im Süden Chiles einen Streik der Lachsarbeiter gibt oder eine Blockadeaktion aufgebrachter Fischer, ist der drahtige und hochnervöse Kettenraucher nicht weit. Er wird von einer Mission getrieben.

In der Lachsbranche gilt er als Rädelsführer und Verräter – er muss auf der Hut sein. Umweltaktivisten aus Santiago haben ihn vor einem möglichen Anschlag auf sein Leben gewarnt, aber Héctor Kol hat schon gegen die Diktatur Pinochets gekämpft: »*Ich höre erst auf, wenn auch die Lachsdiktatur in Chile am Ende ist.*« Bei unserer Fahrt auf den holprigen Sandwegen am Rande der Fjorde zeigt er auf weiße Silos am Ufer: »*Weil zu viele Lachse in den Käfigen sind, reicht der Sauerstoff nicht und sie ersticken.*« Die Silos sind Sauerstoffkompressoren, mit denen das Meer künstlich beatmet wird.

Héctor Kol hat in vielen Farmen Proben gezogen – immer auf der Flucht vor den Booten mit den Security-Männern der Lachskonzerne. Auch die Umweltberichte der Firmen kennt er alle: »*In Norwegen darf man ein Gramm Antibiotikum pro Tonne produziertem Lachs einsetzen, in Chile gibt es keine Beschränkung. Hier wird teilweise das Achthundertfache an Antibiotika eingesetzt, verglichen mit Europa. Und zwar die gleichen Antibiotika, die auch in der Humanmedizin verabreicht werden. Das ist gefährlich, denn die Bakterien werden gegen sie resistent. Marine Harvest hat in diesem Fjord in einem Jahr in einer einzigen Farm so viel Antibiotika ins Futter gemischt, wie die gesamte Lachsindustrie Norwegens im gleichen Jahr.*«

Neben den Antibiotika werden auch gefährliche chemische Substanzen eingesetzt, damit die Produktion noch mehr Lachse ausspuckt. Héctor Kol kennt sie alle: »*Schon die Lachseier sind mit Pilzmitteln behandelt; darunter sind krebserregende Substanzen wie Kristallviolett oder Malaquit. Die Mastkäfige bekommen regelmäßig Antifaulanstriche mit schwermetallhaltigen Farben.*«

Der Biologe öffnet seinen Laptop und zeigt uns Videoaufnahmen vom Meeresgrund, gedreht von einem Muscheltaucher unterhalb der Käfige einer Lachsfarm. Ich erkenne jede Menge Müll: Rohre, alte Netze und Käfigteile, verfaultes Futter und eine dicke Schicht aus Lachsfäkalien; in der Brühe treiben tote Muscheln, Seeigel und Seesterne. »*Da unten ist alles abgestorben. Die Industrie benutzt das Meer als Müllhalde; die Lachse in unseren Farmen produzieren genauso viele Fäkalien wie die 14 Millionen Einwohner Chiles. Das Meeressystem wird wegen der schnellen Rendite rücksichtslos kaputt gemacht – und der WWF unternimmt nichts dagegen.*«

Wenn der Panda mit dem Lachs

Tatsächlich hat der norwegische WWF im April 2008 einen Partnerschaftsvertrag mit *Marine Harvest* geschlossen. Gemeinsam, so heißt es in der Presseankündigung, werde man die »*nachhaltige*« Zucht von Lachsen voranbringen. In den Ohren von Héctor Kol klingt das wie blanker Hohn: »*25.000 Arbeiter sind schon arbeitslos, weil die Hälfte aller Zuchtbetriebe dichtmachen musste. Wo ist die soziale Nachhaltigkeit, von der der WWF redet? Er behauptet, dass die Indus-*

trie gut für Chile sei. *Damit fällt er uns in den Rücken.*« Ich wende ein, der Dialog des WWF mit dem Unternehmen habe doch auch positive Seiten. Es gibt kleine Fortschritte. So haben der chilenische WWF und der *Marine Harvest-Direktor Adolfo Alvial* in Chile ein Pilotprojekt vereinbart: Die jungen Lachse, Smolte genannt, sollen in Zukunft in geschlossenen Tanks heranwachsen, damit sie die Binnenseen nicht länger verschmutzen. Héctor wischt den Einwand beiseite: *»Eine Alibi-Veranstaltung. Wo sind diese Tanks? Es gibt sie nur auf dem Papier, Marine Harvest wird dafür keinen Peso ausgeben.«*

Am folgenden Tag treffen wir **Adolfo Alvial**, den technischen Direktor von *Marine Harvest Chile.* Er gibt ohne Umschweife zu, das Projekt *Wassertank* sei tatsächlich *»ausgesetzt«* worden. Das Unternehmen habe jetzt andere Sorgen: *»Auch wir sind von der Viruskrise schwer getroffen. Wenn die Zeit reif ist, werden wir die Idee wiederaufgreifen. Der WWF hat Verständnis für uns.«* Alvial gehört im Unternehmen zu den selbstkritischen Köpfen. Als Biologe ist ihm klar, dass die Branche dem Ökosystem der chilenischen Fjorde schweren Schaden zugefügt hat: *»Wir haben viele Fehler gemacht, aber wir und John Fredriksen persönlich sind entschlossen, daraus zu lernen. Man kann Profit mit Nachhaltigkeit durchaus vereinbaren. Wir können jetzt nicht aufgeben, denn wir haben eine Verantwortung für die Ernährung der Menschheit. Die Kleinfischer können nicht genug fangen, wir brauchen Aquakultur.«*

Der WWF schaut bisher zu bei den Umweltvergehen des chilenischen Arms seines Partners, Direktor Alvial übt wohldosierte Selbstkritik und John Fredriksen bleibt gelassen – alles halb so wild. Weil Lachs wegen der Krise in Chile auf dem Weltmarkt knapp geworden ist, sind die Preise gestiegen und

Marine Harvest hat die Produktion in Norwegen hochgefahren. In Chile verhält sich das Unternehmen beim Sterben der Industrie wie ein Geier: Es hat begonnen, die Anlagen kleinerer Unternehmen aufzukaufen, die wegen der Lachskrise pleitegegangen sind. Nach der Krise wird Fredriksen das globale Geschäft mit dem Lachs noch mehr beherrschen als vor ihrem Ausbruch. Und auch die Millionen notgeschlachteter Lachse schlagen nicht zu Buche: Sie waren gut versichert.

Vor einem *McDonalds*-Restaurant in Oslo flattern Werbebanner mit der neuesten Kreation der amerikanischen Feinschmecker-Kette: Ein *Lachswrap* von *Marine Harvest*. Damit will Fredriksen in neue Märkte vordringen und das junge, urbane Publikum für ein hippes und »*nachhaltiges*« Produkt begeistern.

In Oslo sind wir mit **Maren Esmark** verabredet. Sie ist WWF-Abteilungsleiterin für Meeresschutz und hat den Partnerschaftsvertrag mit *Marine Harvest* ausgehandelt. Ich frage sie nach der moralischen Grundlage für die Kooperation mit einem Unternehmen, das sich als janusköpfiges Monster erweist: In Norwegen gebärt es sich grün und transparent, in Chile zerstört es die Meeresökologie und das Leben der Menschen. Frau Esmark reagiert gelassen und diplomatisch: »*Die Partnerschaft mit Marine Harvest ist noch jung, und sie gilt nur für Norwegen. Die Lage in Chile ist bedauerlich, doch sie ist nicht Gegenstand unseres Partnerschaftsvertrages.*« Wie praktisch! Obwohl es um denselben Konzern geht. Das nenne ich Doppelmoral. Maren Esmark ist ein wenig genervt: »*Was wollen Sie? Wir könnten den Dialog mit Marine Harvest beenden, aber denken Sie, die Welt würde dadurch besser?*«

Sie glaubt fest daran, *Marine Harvest* sei durch die Partnerschaft mit dem WWF schon jetzt »besser« geworden, zumindest in Norwegen. Gemeinsam werde man den »ökologischen Fußabdruck« des Konzerns »reduzieren«. Unter anderem sollen Maßnahmen ergriffen werden, damit nicht mehr so viele Lachse aus den Käfigen entkommen. Denn wenn sie sich mit den wilden Lachsen paaren, geht die genetische Vielfalt verloren. Auch möchte der WWF in der Partnerschaft das Problem der Lachsnahrung lösen. Bislang verfüttert der Konzern auch in Norwegen Lachsfutter, das zum Teil aus Nordseeheringen produziert wird. Der Hering solle möglichst durch Eiweiß aus nicht essbaren Fischen ersetzt werden.

Ich hake nach: Gibt es verbindliche Vereinbarungen in dem Kooperationsvertrag? Wer kontrolliert, ob der Konzern seine Versprechungen einhält? Die WWF-Vertreterin bleibt vage: Im Augenblick gehe es noch darum, die Partnerschaft »auszuloten« und »gemeinsame, nachprüfbare Ziele festzulegen«. Ich verstehe nur Bahnhof und bitte um eine Kopie des Vertrages. Maren Esmark muss passen: »Der Vertrag ist zur Überarbeitung bei Marine Harvest. Ich schicke ihn, sobald er fertig ist.« Auch mehrere Nachfragen bewirken nichts: Ich habe den Vertrag nie erhalten. Vielleicht handelt es sich dabei eher um eine unverbindliche Absichtserklärung als um einen belastbaren Vertrag. Für das Unternehmen wäre das eine kostengünstige Art, sein ramponiertes Ansehen »anzugrünen«.

Aber was hat der WWF davon? Fließt Geld? Maren Esmark wird bei dieser Frage ein bisschen verlegen und zögert mit der Antwort: »Ja, in dem Vertrag geht es auch um Geld, wir bekommen finanzielle Unterstützung für unsere Arbeit beim Meeresschutz.« Wie viel Geld der WWF von Fredriksens Imperium bekommt, will ich wissen. Sie blickt hilfesuchend um sich, aber da ist niemand, der ihr beistehen könnte. »*Also, das sind ... in Euro oder in Kronen?*« – »*Egal, die Währung spielt keine Rolle*« – »*Nun ja, der WWF bekommt pro Jahr ungefähr 100.000 Euro.*«

Trifft auf den WWF das alte Sprichwort zu: Wes Brot ich ess, des Lied ich sing? Auch diese Frage kann Maren Esmark mir beantworten: »*Ja, jede Industriepartnerschaft ist für uns eine Herausforderung. Aber als globale Organisation bekommen wir das hin: Wir können mit großen Unternehmen zusammenarbeiten und sie gleichzeitig kritisieren, auch wenn wir Geld von ihnen nehmen.*«

Warum kritisiert der WWF dann nicht die Umweltvergehen seines Partners in Chile? »*Dafür ist der WWF Norwegen nicht zuständig.*« Nur wenige Minuten später hat sie diese Ausrede jedoch wieder vergessen und legt ein flammendes Bekenntnis zum Standort Chile ab: »*Wir glauben, dass die Lachsindustrie für die Küstenbewohner Chiles viele Wohltaten bringt. Sie schafft Jobs und Einkommen, und wir wollen nicht, dass sie verschwindet.*«

Tod im Käfig

Cristián Soto ist einer von 50.000 Menschen, die in der chilenischen Lachsindustrie arbeiten. Er ist Taucher und muss hinunter in die eisige Tiefe der Lachskäfige. Auf den WWF ist er nicht gut zu sprechen. Er fragt sich, warum der WWF nicht mehr für die Menschen tut, die für *Marine Harvest* arbeiten. Und sterben. Auch er riskiert für das Lachsgeschäft sein Leben. Tag für Tag. In den Farmen von *Marine Harvest* und anderer Betreiber muss er als Leiharbeiter Netze reinigen, reparieren oder die Totlachse entfernen, die an Seuchen verendet sind. Zurzeit sind es täglich etwa 3000 Kadaver – pro Käfig: »*Weil nicht genügend Transportbehälter vorhanden sind, müssen wir die verendeten Lachse in Säcke packen, die dann so lange im Käfig hängen, bis ein Schiff kommt, das sie abholt. Die Lachse sind dann schon verfault und stinken bestialisch. Das machen wir alles ohne Schutzkleidung.*«

Cristián Soto, Taucher

Wir mieten uns ein kleines Fischerboot und tuckern mit Cristián Soto auf die andere Seite des Fjordes zu einer Seelöwenkolonie. Fast hundert Tiere sonnen sich auf einem riesigen Felsen. Die Bullen wiegen mehr als eine Tonne und brüllen gefährlich, als wir in ihre Nähe kommen. Hier in Chile stehen sie unter Naturschutz. Trotzdem machen die Lachsunternehmen gnadenlos Jagd auf sie, denn Seelöwen lieben Lachse. Eine von Cristián Sotos Aufgaben ist es, sie aus den Käfigen zu vertreiben. »*Wenn sie in einen Käfig eingedrungen sind, müssen wir sie rausholen. Dabei wird auf sie geschossen; das macht meistens der Betriebsleiter. Danach müssen wir hinunter, um zu sehen, ob sie wirklich tot sind – ein lebensgefährlicher Job. Man kann sich weigern, aber dann heißt es: Morgen brauchst du dich hier nicht mehr blicken zu lassen. Letztes Jahr hat mich ein angeschossener Seelöwe am Bein in die Tiefe gezogen. Dabei wurden mir die Schwimmflossen und die Tauchermaske abgerissen. Ich habe es überlebt.*«

Das Leben der 6000 chilenischen Taucher hängt an einer Art Gartenschlauch, der sie von oben mit Luft versorgt. Die

Schläuche sind oft schadhaft und reißen. Oder die Taucher verheddern sich in den Netzen und kommen nicht wieder hoch. Der Wasserdruck ist enorm, denn die Taucher müssen viel tiefer hinunter als gesetzlich erlaubt. *»Mit unserer Lizenz dürfen wir nur bis zu 20 Meter tief tauchen, aber die Käfige sind 40 Meter tief. Laut Gesetz muss jede Lachsfarm im Umkreis von 500 Metern eine Unterdruckkammer haben; das ist bei einem Tauchunfall lebenswichtig. In der Realität gibt es sie nicht, oder sie sind defekt. Für die Unternehmen ist ein toter Taucher billiger. Allein im letzten Jahr sind 18 meiner Kollegen ums Leben gekommen.«*

Darunter einer seiner besten Freunde: *»Es hat sieben Stunden gedauert, ihn zur nächsten funktionsfähigen Dekompressionskammer zu bringen. Da war er schon tot.«* Cristián Soto erzählt es mit Tränen in den Augen. Der Tod ist sein ständiger Begleiter. Warum tut er sich das an? Eigentlich ist er Musiklehrer, aber von einem Lehrergehalt kann man in Chile nicht leben. *»Ich mache das, damit meine beiden Kinder eine gute Schule besuchen können.«* Taucher verdienen für chilenische Verhältnisse gut, ungefähr 1200 Euro im Monat.

Er lädt uns zu sich nach Hause ein, öffnet die Datenbank seines Computers und zeigt uns das Foto eines jungen Kollegen, der auf der *Marine Harvest*-Farm *Puchilco* ums Leben gekommen ist, am 26. August 2007. Cristián liest aus dem Bericht der Ermittler vor: *»Der Taucher hat keine gültige Lizenz; Schäden an der Ausrüstung führen dazu, dass er keinen Sauerstoff mehr bekommt. Der vorgeschriebene Rettungstaucher ist nicht zur Stelle.«*

Der verunglückte Taucher heißt **Pedro Pablo Alvarado.** Er starb mit 29 Jahren, als er in 40 Metern Tiefe das Schutznetz gegen Seelöwen reparierte. Cristián hat die Akten der ermittelnden Staatsanwaltschaft durchgesehen und mit Kollegen sowie Angehörigen des Toten gesprochen: »*Das Unternehmen behauptete, er sei in 20 Metern Tiefe verunglückt, so tief darf er laut Gesetz mit seiner Lizenz tauchen. Jeder weiß, dass das nicht sein kann, denn die Seelöwennetze hängen 40 Meter tief. Außerdem: Pedro Pablo musste während eines Sturms tauchen, obwohl die Marine als zuständige Behörde jeden Tauchgang für das Gebiet untersagt hatte. Die Unternehmen halten sich an keine Verbote.*«

Ich frage bei der zuständigen Staatsanwaltschaft nach, wie die Ermittlungen ausgegangen sind: Zwei Jahre nach dem Tod des Tauchers muss *Marine Harvest* 2000 Euro Strafe zahlen – wegen Verstoßes gegen die Sicherheitsvorschriften. Auf ein Verfahren wegen fahrlässiger Tötung verzichtet der Staatsanwalt. Die Justiz schütze die Täter, nicht die Opfer, meint Cristián Soto: »*Die Staatsanwaltschaft kommt bei jedem Unfall zu dem Ergebnis: Der einzige Verantwortliche für seinen Tod ist der Taucher selbst. Das Strafrecht schützt uns nicht. Das ist sehr ungerecht. Bis jetzt habe ich Glück gehabt. Aber meine Familie muss sich an den Gedanken gewöhnen, dass auch ich eines Tages nicht zurückkommen werde.*«

Die Lachsindustrie nimmt demnach den Tod von Tauchern in Kauf – um Kosten zu sparen. In der Sprache der Volkswirte sind das »komparative Kostenvorteile« für Unternehmen aus dem Norden, die ihre Produktionsstätten in den Süden verlagern. Schätzungsweise 100 chilenische Taucher sind in den vergangenen 10 Jahren in den Käfigen ums Leben gekommen, in der norwegischen Lachsindustrie starb in der gleichen Zeit einer. Wir entschließen uns, den Konzern mit dieser Zahl zu konfrontieren. Adolfo Alvial, der technische Direktor in Chile, ist zum Gespräch bereit, aber erst einmal zeigt er uns seinen ganzen Stolz: Die neue Öko-Aufzucht *Rio Blanco*, gelegen in den sanften, grünen Hügeln der Voranden.

Lachskadaver mit Tauchern

Es ist die modernste Anlage ihrer Art: sauber, umweltschonend, mit getrennten Wasserkreisläufen und Biofiltern. Hier wachsen in großen Bottichen die Mastlachse der nächsten Generation heran: 10 Millionen.

Was für ein Kontrast zur brutalen Lebenswelt in den Lachskäfigen des Konzerns! Ich spreche Alvial auf diesen Gegensatz an und sage ihm, dass ich mir hier wie Alice im Wunderland vorkomme. Er lächelt zufrieden: »*Du bist in der Wirklichkeit. Chile ist das Land der Wunder. Diese Anlage zeigt den Kurswechsel, den es bei Marine Harvest gibt. Da wollen wir hin, auch wenn es noch viel zu tun gibt.*«

Nächste Frage: Warum mussten 100 Taucher sterben, damit das Geschäft mit dem Lachs brummt? Das weltmännische Lächeln verschwindet schlagartig aus Adolfos Gesicht: »*Dafür gibt es keine Erklärung. Ich könnte Einwände gegen die Zahl 100 vorbringen. Manchmal sind die Opfer Muscheltaucher, die auf eigene Rechnung an der Küste tauchen; und wenn sie verunglücken, wird das uns angehängt. Das ist unfair. Aber egal, auch wenn es nur 10 sind oder 12 oder 20. Jeder Tote ist einer zu viel.*«

Als unsere Kamera ausgeschaltet ist, rückt er ein Stück an mich heran und sagt augenzwinkernd: »*Ganz unter uns, die meisten Taucher sterben, weil sie betrunken zur Arbeit kommen. Ihr Hauptfeind ist der Alkohol, nicht das Unternehmen.*«

Petters glückliche Lachse

Wieder in Norwegen treffen wir uns mit dem hiesigen technischen Direktor des Weltkonzerns – einem aufrechten und scheuen Mann. **Petter Arnesen** geht griesgrämig und leicht gebeugt auf sein Schnellboot, um uns die heile Welt der norwegischen Lachse zu zeigen. Die Konzernführung hat ihn dazu verdonnert, weil der PR-Direktor gerade gekündigt hat; also muss Arnesen ran. Schließlich hat er den Partnerschaftsvertrag mit dem WWF ausgehandelt. Gemeinsam mit dem WWF hat er auch den weltweiten »*Aquakultur-Dialog*« aus der Taufe gehoben. Mit einem neuen »*Nachhaltigkeitssiegel*« soll die Lachsmast auf der ganzen Welt ihr schmuddeliges Image endgültig loswerden.

Petter Arnesen gibt zu, dass die Vereinbarungen mit dem WWF bislang unpräzise und allgemein sind. Der Vertrag sei noch »*im Fluss*«. Am wichtigsten sei der ständige Dialog: »*Wir lernen vom WWF etwas über die ökologischen Abläufe im Meer, und der WWF kann lernen, wie Aquakultur wirklich funktioniert.*« Und das Geld für den WWF, wofür ist das? Damit, so Arnesen, werde die Stelle der WWF-Lachsexpertin finanziert. Er sieht nichts Verwerfliches darin, wenn ein Konzern seine eigenen Kritiker bezahlt. *Marine Harvest* müsse nach dem Desaster in Chile schon im Interesse des eigenen Überlebens »*nachhaltiger*« werden. Dabei könne der WWF ihm helfen. In Norwegen, so Petter Arnesen sei sowieso alles schon viel besser als in den chilenischen Betrieben.

Wir fliegen mit dem Boot über das dunkelgrüne Wasser des *Bokna*-Fjordes. Am Ufer krachen Wasserfälle aus großer Höhe ins Meer. Alle paar Kilometer tauchen riesige Ringe im Wasser auf: Lachsfarmen. Sobald die Fütterungsanlage die Futterpellets in die Luft schleudert, springen die Lachse zu Tausenden in die Luft, um nach ihnen zu schnappen. Ihre Körper glitzern im Sonnenschein und Direktor Arnesen versichert treuherzig, seine Lachse seien durch und durch *»glücklich.«*

Der Kontrast zu Chile springt ins Auge: Das Wasser hier ist kaum verseucht, die Hygienebestimmungen werden eingehalten und die staatliche Aufsicht ist streng. Wer gegen die Umweltgesetze verstößt, verliert die Lizenz, die hier jedes Jahr für jede Farm neu beantragt werden muss. In Chile hat *Marine Harvest* die Lizenzen spottbillig erstanden: 110 Euro pro Jahr für einen Hektar Meeresfläche. Dazu kommen die niedrigen Lohnkosten der chilenischen Arbeiter: Sie betragen nur zehn Prozent der norwegischen Personalkosten.

Ein Konzern, zwei Maßstäbe. Petter Arnesen gibt zu, dass die Verführung groß war, in Chile binnen kurzer Zeit schnelle Gewinne einzufahren. *»Dabei hätten wir die Katastrophe vorhersehen können.«* Denn auch in Norwegen gab es vor einigen Jahren einen Ausbruch der Lachsseuche *ISA*. Aber da die Farmen hier weiter auseinanderliegen und die Hygienestandards höher sind, konnte das Virus nach wenigen Monaten gestoppt werden. In Chile hat es sich dagegen bis nach Süd-Magallanes ausgebreitet, auf einer Länge von 1000 Kilometern. Petter Arnesen ist persönlich mitverantwortlich, er war selbst jahrelang in Chile und hat die Lachsindustrie mit aufgebaut. »Ja«, gibt er zerknirscht zu, *»leider haben wir aus der Lektion, die uns in Norwegen erteilt wurde, nicht genug gelernt.«* Dann sackt er ein wenig in sich zusammen und starrt sekundenlang schweigend vor sich hin, bevor er nachschiebt: *»Ich hätte es besser gefunden, wenn Sie die Fragen vor dem Interview eingereicht hätten.«*

Nachdem er sich wieder gesammelt hat, verkündet er mit fester Stimme, man werde alle Probleme der Aquakultur lösen, auch das größte: Wie kann man die Lachse zu Vegetariern umerziehen? Sie sind Raubtiere und brauchen viel tierisches Eiweiß. Das Kraftfutter, das tonnenweise in die Käfige geworfen wird, besteht überwiegend aus Fischmehl und Fischöl. Ein destruktiver Kreislauf. Um ein Kilo Lachsfleisch herzustellen, werden 4-6 Kilogramm wildlebende Fische getötet und zu Mehl verarbeitet. Inzwischen wird mehr als die Hälfte des weltweiten Fischfanges in Kraftfutter für Lachse und andere Tiere verwandelt. Mastlachse verbrauchen mehr tierisches Eiweiß, als sie produzieren. Wie kann so etwas nachhaltig sein?

»Das Problem sehen wir genauso, wie der WWF es sieht«, räumt Petter Arnesen ein. *»Wir machen Versuche, um den pflanzlichen Eiweißanteil im Futter zu erhöhen, zum Beispiel aus Soja.«* Der Konzern sei dazu entschlossen, denn die Fischreserven der Ozeane seien *»erschöpft«*. Das Problem ist nur: Wenn zu wenig Fisch im Futter ist, enthält das Lachsfleisch nicht mehr genug gesunde Omega-3-Fettsäuren. So einen Lachs will der Handel nicht. Für den armen technischen Direktor ist das eine Quadratur des Kreises – aber der WWF hilft ihm aus der Patsche und erklärt das Ganze dennoch für *»nachhaltig«*.

Vielleicht kann man das Problem mit Gentechnik lösen? Zu diesem Thema schweigt Arnesen weise. Der Konzern denke an *»so etwas«* nicht; das sei dem Kunden in Europa nicht *»vermittelbar«*. Nicht lange nach unserer Bootstour lese ich, dass in den USA zum ersten Mal ein gentechnisch manipulierter Lachs patentiert und von der Gesundheitsbehörde zugelassen worden ist. Das Monster der Meere ist doppelt so groß wie seine Artgenossen. Ich fürchte, auch er könnte in nicht allzu ferner Zukunft das Siegel *»aus nachhaltiger Aquakultur«* tragen.

Schon Meilen bevor wir die chilenische Hafenstadt *Talcahuano* erreichen, können wir die Hauptstadt des Fischmehls riechen. Im Hafen liegen moderne Fischtrawler, der Humboldtstrom vor Chiles Küsten gilt als die fischreichste Region der Welt. An der Kaje treffen wir **Nelson Estrada.** Nach 19 Stunden auf stürmischer See sind er und seine 13 Kameraden dabei, 90 Tonnen frische Anchovis zu entladen. Die Fische werden mit einem riesigen Schlauch angesaugt, der wie ein Rüssel in den Laderaum reicht. Mit Lastwagen werden sie dann direkt in eine Fischmehlfabrik gefahren. Für Nelson Estrada ein deprimierender Augenblick: »*Die Industrie hat die meisten Fanglizenzen aufgekauft. Wir landen hier nur noch Fisch für die Futterindustrie an. Dabei sind Anchovis sehr gesund und eiweißhaltig. Es ist ein Verbrechen. Mich widert diese Industrie an, aber ich muss meine Familie durchbringen, deswegen arbeite ich für sie.*«

Nelson ist Aktivist der Fischergewerkschaft und hat wenig Zeit, denn morgen beginnt der Streik der Schiffsbesatzungen. Sie wollen gegen die niedrigen Preise vorgehen, die die Fischmehlfabriken für den Fisch zahlen. Das Geld, das die Kapitäne verdienen, reicht nicht aus, um das Schiff abzuzahlen; die Fischmehlfabrik hat das Schiff vorfinanziert. Deshalb sind Kapitän und Besatzung von ihr vollkommen abhängig: »*Wir sind nur noch Sklaven der transnationalen Industrie, in Chile gibt es keine freien Fischer mehr.*« Nelson Estrada ist ein geborener Fischer. Als er 12 war, blieb sein Vater auf See. Er bittet uns an Bord und zeigt uns im Laderaum den tonnenschweren Berg aus glitzernden, kleinen Anchovi-Körpern: »*Ich schäme mich für das da: Diese Fische sind winzig, noch nicht einmal geschlechtsreif. Wir plündern die Bestände, bevor sie sich fort-*

*pflanzen können. Da bleibt für zukünftige Generationen nichts
mehr übrig.«*

95 Prozent aller Fische, die in chilenischen Gewässern ge-
fangen werden, enden als Kraftfutter für Lachse, Schweine,
Rinder und Hähnchen. Sie sind der Treibstoff einer gierigen
Massentierhaltung, die sich den Globus untertan macht. Nelson Estrada ist zwar ein Kämpfer, aber auch er wirkt angesichts
der Macht der ökonomischen Verhältnisse mutlos: *»Unsere Regierung ist zu schwach, um den Konzernen etwas entgegenzuset-
zen. Es ist bequemer für die Politiker, wenn sie sich im Namen
der ›freien Marktwirtschaft‹ auf die Seite der finanziellen Macht-
gruppen stellen. Sie spielen mit, aber die Regeln machen andere.«*

Unter Haifischen

Dort, wo **Douglas Tompkins** herrscht, ist das Reich der
Lachse zu Ende. In Patagonien, geschmiegt an die Anden, liegt
sein Nationalpark *Pumalín*. Viele chilenische Naturschützer
trauen ihm nicht über den Weg, weil er aus ihrer Sicht ein
»Profiteur« der Globalisierung ist. Seine Textilfirmen *Esprit*
und *The North Face* sind groß geworden, weil er die Produktion in asiatische Billiglohnländer auslagerte.

Tompkins lächelt müde, als ich ihm die Kritik vorhalte: *»Ich
bestreite das gar nicht. Aber als mir klar wurde, wohin diese Art
von Globalisierung führt, habe ich die Konsequenz gezogen und
bin ausgestiegen.«* Er hat seine Anteile an den Textilkonzernen
verkauft und mit dem Geld einen der letzten kalten Regenwälder Patagoniens aufgekauft. Über 7560 Quadratkilometer
erstreckt sich sein grünes Paradies, das er vor den Kettensä-

Douglas Tompkins

gen der Zelluloseindustrie gerettet hat. In der weltweiten Naturschutzbewegung gilt er inzwischen als eine Art Guru der *Deep Ecology*, die sich nicht mit kosmetischen Korrekturen zufrieden gibt, sondern für ein Ende des Wachstumswahns eintritt. Vom Schmusekurs des WWF gegenüber der Industrie hält er nichts: *»Die Vorstellung, dass es eine nachhaltige Massentierhaltung im Meer geben kann, ist verrückt und eine gefährliche Illusion, die uns dem ökologischen Kollaps näherbringt.«*

Als er hier vor über 20 Jahren anfing, konnte er nicht ahnen, dass sein Naturpark eines Tages von Lachsfarmen eingekesselt würde. Der zarte, hagere Mann mit den durchscheinenden Augen sitzt mir auf einem Lehnstuhl in seiner alten restaurierten Villa gegenüber – ein Palast ganz aus Holz, direkt am Ufer des Llanquihue-Sees. Mit seinen Nachbarn, den Lachsfarmen, liegt der *Gringo*, wie er hier genannt wird, beständig im Clinch. Sie bedrohen sein Paradies, er ärgert sie mit Strafanzeigen, wann immer sie gegen die ohnehin schwachen chilenischen Umweltgesetze verstoßen. Einer seiner Nachbarn hatte zum Beispiel 24 Käfige auf seiner Farm installiert, doppelt so viele wie genehmigt.

Freut es ihn jetzt, dass sich die Natur mit Hilfe des Lachs-Virus am Hochmut der Industrie rächt? Er lächelt freundlich,

und man sieht ihm an, dass er gerne zustimmend nicken würde, aber er reißt sich zusammen: »*Ich kann mich nicht freuen,
denn die Krise hat viele Menschen ins Elend gestürzt. Sie sind
mir nicht egal. Trotzdem sollte man die Chance nutzen und die
Lachsindustrie einfach schließen. Die traditionelle Fischerei ist
viel besser, man kann sie biologisch nachhaltig betreiben. Chile
ist ein Paradies für Fische und Meeresfrüchte. In der Fischerei
könnten viel mehr Leute arbeiten als in der Lachsindustrie, und
sie könnten würdiger leben.*«

Der Wachstumswahn sei wie eine »*grausame Maschine der
Beschleunigung*«, die alles Schöne auf dem Planeten zerstören
werde. In Chile zeige sich, dass »*der Kapitalismus am Ende
sich selbst verdaut. Marx hat Recht behalten*«. Tompkins hält
die Dialogstrategie des WWF für einen strategischen Fehler:
»*Nur der zivile Widerstand kann die Zerstörung des Planeten
aufhalten, es gibt ihn in Chile und in vielen Ländern der Erde.
Diese Graswurzelbewegung hat sich miteinander vernetzt und
wird zunehmend mächtiger.*«

Der reiche Amerikaner befürchtet, dass die politische
Klasse Chiles nicht die Kraft hat, die Chance zum Ausstieg zu
nutzen. Im Gegenteil, sie will jetzt auch noch die unberührte
Gletscherlandschaft des südlichen Magallanes für den Vormarsch des globalen Kapitalismus erschließen. Eine Straße
bis hinunter nach *Punta Arenas* ist geplant, dazu fünf riesige
Wasserkraftwerke. Mit deren Energie können die Konzerne
aus Kanada, Europa und den USA endlich die Gletscher und
Berge knacken, um deren Gold-, Silber- und Zinkvorkom-
men auszubeuten.

Auch die Lachsindustrie steht bei der Rallye um den Süden
in den Startlöchern: Die Regierung hat die ersten Konzessio-

nen für neue Zuchtfarmen in Süd-Magallanes vergeben. Wie Heuschrecken ziehen die Unternehmen weiter und hinterlassen aus Tompkins' Sicht eine Spur der Zerstörung: »*Wir produzieren mit der industriellen Fischzucht einen toten Planeten. Es gibt keine wirtschaftliche Vielfalt mehr. So wie es da draußen im Meer jetzt schon keine Vielfalt mehr gibt. Sie reduzieren alles auf eine Spezies: Lachs. Diese Entwicklung wird uns eines Tages einholen und wir werden dafür bezahlen, weil wir vergessen haben, dass wir Teil der Natur sind. Lasst doch die Natur den Ozean managen. Sie weiß, wie man das macht, das hat sie seit vier Milliarden Jahren bewiesen. Unternehmer wie John Fredriksen glauben, dass alles von selbst gut wird, wenn der Profit stimmt. Das Gegenteil ist der Fall.*«

Pandas beißen nicht

Am Ende der Reise durch die Welt der Lachse finden wir den Herrscher persönlich: Einsam steht **John Fredriksen** mit Anglerhut und Regenmantel im Flüsschen *Naustdal* im mittleren Norwegen, um Wildlachse zu angeln. Er liebt die Ruhe hier über alles und hat einen ganzen Flussabschnitt gepachtet, an dem nur er angeln darf. Ein- bis zweimal in der Saison kommt er hierher. Wann genau, weiß niemand. Mit meiner Tochter habe ich mich für zwei Wochen in einem Bauernhof in der Nähe einquartiert, um auf *Big John* zu warten. Erst als wir fast aufgegeben haben und bei strömendem Regen einen letzten Kontrollgang am Fluss machen, entdecken wir, dass vor seiner Anglerhütte Rauch aufsteigt. Jemand hat den Räucherofen in Betrieb gesetzt. Einem zutiefst misstrauischen

John Fredriksen in London

Dorfbewohner kann ich aus der Nase ziehen, dass Fredriksen am frühen Morgen von seinem Hubschrauber abgesetzt worden sei.

Versteckt im Gebüsch der Uferböschung beobachten wir ihn mit einem Fernglas. Er wartet darauf, dass ein Lachs anbeißt. Erfolglos. Die Lachse kommen nicht mehr. Auch hier im norwegischen Lachsparadies sind ihre Bestände dezimiert – hingerafft von den Parasiten, Bakterien und Viren der Mastfarmen. Wenn die Wildlachse auf ihrer Reise vom Meer die Flüsse hinauf zu ihren Laichgründen schwimmen, kommen sie an den Farmen vorbei und werden von ihren gemästeten Verwandten infiziert. Sie sterben, bevor sie sich fortpflanzen können.

John Fredriksen wirft stumm und wütend seine Angel ins Gebüsch, als ich durch das Flussbett hindurch auf ihn zuwate. Er ruft nach seinen Leibwächtern, doch das Rauschen des Wasserfalls übertönt seine Stimme. Also bleibt ihm nichts anderes übrig, als hoch zur Anglervilla zu stapfen. Kurz danach startet ein Van mit seinen Leuten, um mir die gedrehten Bilder abzujagen. Wir springen ins Auto und flüchten. Schade eigentlich! Fredriksen hat die Chance auf einen Dialog bei Bier und geräuchertem Lachs vertan. Ich hätte ihn zu gerne gefragt, was ihn antreibt und warum er bei allem, was er tut, der Größte sein muss. In der Dämmerung mache ich noch einen Versuch und rufe bei seiner Hausdame an, aber er wünscht keinen Kontakt.

Einmal im Jahr nimmt John Fredriksen an der *Nor-Shipping* in Oslo teil; das ist die größte Schiffsmesse des Nordens. Die letzte Chance für einen Kontakt. Wir suchen den ganzen Tag vergebens nach ihm. Ein norwegischer Schiffsmakler träs-

tet mich: »*John ist eben ein scheuer Mensch, aber heute Nacht
kommt er bestimmt.*« Denn heute ist die Nacht der Großreeder. Eine exklusive Party auf dem Segelschulschiff *Christian
Radich* mit Champagner und Kaviar.

Wir bauen uns vor dem Großsegler auf und warten. Nichts.
Spät in der Nacht lassen sich schließlich seine Zwillingstöchter
blicken. In schwarzen Minikleidern und mit High Heels kla-
ckern sie über die schwankende Gangway an Bord. Sie erben
ein Milliardenvermögen und werden sofort von Dutzenden
heiratswilligen Männern umschwärmt. Schon jetzt arbeiten
sie in den Vorständen von Papas Unternehmen mit: Kathrine
macht in Schiffen, Cecilie in Lachs. Am nächsten Abend haben wir Glück. Wir entdecken John Fredriksen zufällig auf
der Osloer Uferpromenade.

Arno Schumann geht mit laufender Kamera auf ihn zu,
seine Getreuen schützen ihn mit einem Kreis. Ich rufe ihm
durch den menschlichen Schutzwall hindurch zu, ob er sich
für das Unglück verantwortlich fühlt, das Chile gerade durch-
macht. Der König der Lachse geht mit unbewegter Miene weiter, reagiert dann aber doch mit einem kleinen Scherz: »*Ich
bin doch nur ein Lachsangler.*« Als ich ihn daran erinnere, dass
Marine Harvest ihm gehört, verändert er sofort den Tonfall
und wird ernst: »*Mit dem operativen Geschäft befasse ich mich
nicht. Aber es tut mir leid, was passiert ist. Ich bedauere alle,
die dort zu Schaden gekommen sind.*« Dann verschwindet er
in einem Luxusrestaurant und lässt es sich bei Austern, Fisch
und Wein gutgehen. Auf zu neuen Geschäften. Chilenischer
Lachs wird hier nicht serviert.

Warum will der WWF ausgerechnet mit Menschen wie
John Fredriksen den Planeten retten? Er ist der Prototyp des

Finanzinvestors, sein Gesetz ist der Profit; die natürlichen Ressourcen der Erde sind für ihn vermutlich kaum mehr, als der Stoff, aus dem er sein kaltes monetäres Schloss formt. Er könnte als einer der Bösewichte in die Geschichte des Kapitalismus eingehen, wäre nicht, wie durch eine himmlische Fügung, der Panda auf seinem Schoß gelandet. Seitdem leuchtet sein Unternehmen wundersam grün.

Inzwischen landet über die Hälfte des weltweiten Fischfanges in den Mühlen der Fischmehlfabriken, statt auf dem Speisetisch der Menschen. Weil die Vorräte sich dem Ende neigen, schickt die Lachsindustrie neuerdings riesige Fangschiffe in die Arktis, um Krill zu fischen. Diese Kleinkrebse gelten als das »Brot der Meere« und sind die größte Nahrungsmittelreserve der maritimen Systeme. Auch daraus wird jetzt Lachsfutter gemacht.

Chilenische Mastlachse werden mit Transportflugzeugen rund um die Erde geflogen, um mundgerecht auf dem Tisch eines Restaurants in Paris, Tokio oder New York zu landen. Vor dem Gast liegt ein unschuldig aussehendes, zart-rosafarbenes Stück Fleisch. Man sieht dem Lachs nicht mehr an, welchen Leidensweg er hinter sich hat, wie viele Chemikalien und Antibiotika er schlucken musste, damit er die Mast übersteht, und man sieht auch nicht, wie viel Energie für seine Produktion und bei den langen Transportwegen vergeudet wurde. Wirtschaftlich funktioniert das Ganze, aber wem nutzt es, und ist so etwas gesellschaftlich vernünftig?

Die industrielle Mast beschleunigt die Zerstörung der natürlichen Ressourcen und vernichtet die traditionelle Fischerei. »Nachhaltige Lachszucht« ist demnach ein Märchen, das von der Industrie und dem WWF gemeinsam erfunden wurde, um unseren kritischen Verstand einzuschläfern. Es gibt keinen richtigen Weg, das Falsche zu tun. Die großen Haie fressen alles, was ihnen im Weg ist, und die politischen Instanzen, die eigentlich die Interessen der Zivilgesellschaft vertreten sollten, wirken kraftlos und überlassen es den Großkonzernen, die globalen Spielregeln festzulegen.

Der WWF schwimmt mit den Haien, in der kühnen Hoffnung, sie mit seinen moralischen Appellen in Vegetarier zu verwandeln. Im Sommer 2011 ist sich der WWF mit der Lachsbranche einig geworden und gemeinsam hat man das Gütesiegel für Mastanlagen im Meer aus der Taufe gehoben: den *Aquaculture Stewardship Council*, kurz ASC. Damit wird die industrielle Massentierhaltung im Meer in den Adelsstand der *Green Economy* erhoben.

Bei den Recherchen zu diesem Buch habe ich auch mit vielen WWF-Aktivisten gesprochen. Sie leisten in ihrem Aufgabenbereich sicher eine sehr engagierte Arbeit; von den internationalen Industriepartnerschaften des WWF wissen sie wenig – und möchten auch gar nichts davon hören. Dabei ahnen sie zumindest, dass es nicht in Ordnung ist, wenn die Meere leergefischt werden, um die industrielle Mast von Raubfischen zu betreiben. Typisch ist die Reaktion: *»Ich will das alles nicht so genau wissen, mein eigenes Projekt ist sauber, und darauf konzentriere ich mich.«*

Ein führender Angestellter von WWF International erklärte mir unter vier Augen, dass er sich für die Partnerschaft mit der Lachsindustrie *»schäme«*, eine offene Kritik kommt aber auch für ihn nicht in Betracht; dies würde die Entlassung aus einem gut bezahlten Job bedeuten. Mein Gesprächspartner erklärt sich den Verlust an *»Glaubwürdigkeit«* in der WWF-

Politik mit soziologischen Entwicklungen: Der WWF sei zu groß geworden und treibe Geld ein, ohne genau hinzusehen, woher es kommt. Die klassischen Naturschützer seien aus den Führungspositionen des WWF »*verdrängt*« und durch Marketingspezialisten ersetzt worden, die eine »*grundsätzliche*« Haltung in Naturschutzfragen vermissen lassen. Sie sähen sich in erster Linie als Geldbeschaffer.

Der Frust sitzt bei den kritischen Köpfen im WWF tief, aber bislang werden die vermutlich schwelenden inneren Konflikte erfolgreich unter der Decke gehalten. In Deutschland nahmen zum Beispiel viele WWF-Aktivisten seit Jahren an Protestaktionen gegen die Atomkraft teil – jedoch nur privat und ohne WWF-Fahne. Erst 2002 hat sich der WWF International von dieser Energieform distanziert und sich den Befürwortern eines schrittweisen Ausstiegs angeschlossen.

Lässt sich die Nähe des WWF zur Welt des Big Business allein mit der Verführung durch Geld und Anerkennung erklären? Eine ehemalige Managerin des WWF, die aus moralischen Gründen ausgestiegen ist, aber anonym bleiben möchte, vermutet, dass es um mehr geht, als um die gewachsene Abhängigkeit von Großspenden: »*Der WWF ist wie eine Pizzeria. Von außen sieht alles sauber und hübsch aus. Es gibt tatsächlich Pizzen, köstlich und aus garantiert biologisch kontrolliertem Anbau. Aber in dieser Pizzeria gibt es ein Hinterzimmer, in dem die wirklich wichtigen Geschäfte abgewickelt werden – das macht mir Angst.*«

5. ES BEGANN IN AFRIKA

Wer den WWF und seine politische Rolle verstehen will, muss in die Katakomben des britischen Empire hinabsteigen, das in den 1950er-Jahren seinen Untergang erlebte, vor allem durch den Verlust der afrikanischen Kolonien. Hier in Afrika wurde der WWF geboren. Seine Vorgeschichte begann im Jahr 1940, als Großbritannien die *Serengeti* zum ersten Nationalpark Ostafrikas erklärte – eine Fläche so groß wie Nordirland. Die Kolonialverwaltung machte der Regierung in London den Plan mit zwei Argumenten schmackhaft: Im Gebiet der *Serengeti-Steppe* gebe es keine größeren Mineralvorkommen, und außerdem sei das Land für europäische Siedler unattraktiv: Es regnet zu wenig und es gibt zu viele Tsetse-Fliegen. Die *Serengeti* sollte eine »*touristische Weltsensation*« werden.

Das einzige Problem waren die *Massai*, die mit ihren Rinderherden seit Jahrhunderten in der *Serengeti* lebten. Die Briten entschieden sich dafür, ihnen das Bleiberecht gesetzlich zu garantieren. Sie waren doch nur ein Hirtenvolk, bearbeiteten den Boden nicht und jagten auch keine geschützten Tiere. Die Massai waren beruhigt. Aber sie hatten die Rechnung ohne die westlichen Naturschützer und ohne die weißen Parkwächter gemacht, die ihnen gegenüber nichts als Verachtung empfanden. Auch viele Touristen beschwerten sich über den Anblick der »*dreckigen*« Massai und über ihre »*barbarischen Sitten*«. Die Kolonialverwaltung ging in den 1950er-Jahren dazu über, den Massai eine freiwillige Umsiedlung anzubieten. Doch die Häuptlinge lehnten das Angebot ab. Wo sonst gab es so viel herrliches Weideland und Flüsse, um die Rinder zu tränken? Und war es nicht eigentlich ihr Land und das ihrer Vorfahren?

Der Druck der Naturschützer wurde größer und so verfiel die Kolonialverwaltung *Tanganjikas* auf eine salomonische Lösung: Der Nationalpark *Serengeti* sollte von 5000 auf 1800 Quadratmeilen verkleinert werden. Die Massai müssten den verkleinerten Park dann räumen. In Europa und den USA brach ein Proteststurm los, der sich für die britische Kolonialverwaltung zu einem Tornado entwickelte, als sich der deutsche Tierschützer Bernhard Grzimek einmischte. Er zeigte der Welt, wie man mit einer radikalen PR-Kampagne politische Entscheidungen rückgängig machen kann. Der Zoodirektor aus Frankfurt wurde durch seine *Serengeti*-Mission zur ideologischen Leitfigur des modernen Naturschutzes – und des WWF.

Grzimeks Mission

Prof. Bernhard Grzimek flog mit seinem Sohn Michael über die *Serengeti*, um die Wanderungen der großen Tiere zu beobachten. Das Ergebnis veröffentlichte er 1956 in seinem Buch *Kein Platz für wilde Tiere*. Ohne wissenschaftliche Belege für seine apokalyptischen Thesen kündigte er an: »*Die wilden Tiere Afrikas sind zum Aussterben verdammt.*« In der *Serengeti* lebten zu viele Menschen, die Wälder und Steppen würden sich deshalb in Wüsten verwandeln. Er war davon überzeugt, dass Hirtenvölker grundsätzlich die Ökosysteme zerstören, in denen sie leben. Eine Irrlehre, wie schon damals profilierte Wissenschaftler wussten. So kam der in Kenia lebende Naturschützer David Western nach jahrelangem Studium der Massai zu dem Urteil: »*Die Hirten sind der eigentliche Grund dafür, dass es hier noch so viele wilde Tiere gibt.*«[5] Doch die westliche Ignoranz war stärker als die Erfahrungen der Fachleute vor Ort.

Bernhard Grzimek als Briefmarke

1959 legte Bernhard Grzimek mit einem Bestseller nach: *Serengeti darf nicht sterben.* Das Buch wurde in 17 Sprachen übersetzt und diente seinem Sohn Michael als Vorlage für den gleichnamigen Film, der prompt für einen *Oscar* nominiert wurde. Die wichtigste Botschaft der Grzimeks: Wenn man die *Serengeti* retten will, müssen die Massai weg. Natur als menschenfreier Ort – niemand sonst hat dieses Mantra einer elitären, westlichen Naturverklärung besser und schärfer formuliert als der Zoodirektor aus Frankfurt. Seine rassistisch angehauchte Haltung verbarg Grzimek hinter dem gestelzten Vokabular der Wohlmeinenden: »*Wir Europäer müssen unseren schwarzen Brüdern helfen, ihren eigenen Besitz schätzen zu lernen ... weil wir nicht wollen, dass sie unsere Fehler und Sünden wiederholen.*«[6] Das Publikum und Hollywood applaudierte, und die britische Kolonialverwaltung versuchte – kurz bevor *Serengeti darf nicht sterben* auf den Markt kam –, den Kopf aus der Schlinge zu ziehen.

1958 legte sie den Massai-Häuptlingen eine Erklärung zur Unterschrift vor, wonach sie und ihr Volk den *Serengeti*-Park »*freiwillig*« verlassen würden. Raymond Bonner, Reporter der *New York Times*, fand 30 Jahre später einen der wenigen noch lebenden Unterzeichner: **Tendemo ole Kisaka**. Der alte Mann erzählte ihm, wie die »Vertragsunterzeichnung« abgelaufen war: *»Uns wurde befohlen, zu unterschreiben. Worum es ging, wurde nicht erklärt. Keiner der Stammesführer konnte lesen oder schreiben.«*[7] Dann fügte der alte Mann grinsend hinzu: *»Ihr Weißen seid ganz schön tough.«*

Das Volk, das die *Serengeti* seit 4000 Jahren besiedelt hatte, wurde vertrieben. Eine blutige und grausame Operation, bei der 100.000 Massai ihre Heimat verloren. Von London aus sah eine Gruppe adliger Großwildjäger und Naturschützer dem Treiben des deutschen Zoodirektors wohlwollend zu. Seine durchschlagende *Serengeti*-Kampagne, so kann vermutet werden, inspirierte sie, ein eigenes, noch viel größeres Projekt auszubrüten: den WWF. Eine Art Internationale für die Belange der Wildnis.

Die meisten Naturvölker haben in ihren Sprachen kein eigenes Wort für »Wildnis«. Sie sind einfach da, so wie die Pflanzen und Tiere, von denen sie leben. »Umwelt« ist die materielle Basis allen Lebens. Kein Naturvolk der Erde käme auf die Idee, die Wildnis mutwillig zu zerstören. Ihr »Naturschutz« gründet in der Einheit von Mensch und Natur. Für die westlichen Naturschützer dagegen ist der »jungfräuliche Wald« ein rückwärtsgewandter Traum – das verlorene Paradies. Denn ihre eigenen Urwälder haben Europäer und Nordamerikaner bereits vor langer Zeit gründlich vernichtet. Ein unbewusstes kollektives Schuldgefühl treibt uns jetzt dazu, die letzten »Paradiese« auf der südlichen Halbkugel zu retten, ob die Eingeborenen wollen oder nicht. Indigene Völker und westliche Naturschützer sprechen verschiedene Sprachen.

Die Vertreibung der Naturvölker aus Gründen des Naturschutzes ist ursprünglich eine amerikanische Erfindung. Praktiziert wurde sie das erste Mal in Kalifornien, im Tal von *Yosemite*. 1851 drohte Gouverneur Peter Burnett den Indianern des Tals mit einem »*Auslöschungskrieg*«. Major James Savage, der die Ausführung des Plans übernahm, erklärte, wie der Gouverneur das gemeint hatte: »*Satan drang in das Paradies ein und richtete so viel Unheil an, wie er konnte. Ich habe vor, im Paradies der Indianer noch teuflischer zu sein, als der alte Satan es je gewesen ist.*«[8]

Einige Indianer überlebten den ungleichen Krieg. Um die kümmerte sich **John Muir**, Gründer des *Sierra Clubs*, dem ersten Naturschutzklub der Welt. Muir kannte das *Yosemite*-Tal aus eigener Anschauung. Auch ihm waren die Indianer zuwider. Sie seien »*unsauber*«, und ihm graute vor ihren Essgewohnheiten. Denn neben Obst und Gemüse aßen sie Ameisen und Fliegen. John Muir drängte die Bundesregierung in Washington dazu, das Tal von den »*minderwertigen Wesen*« zu säubern und es zum Nationalpark der USA zu erklären. Die Indianer seien nur »*Nomaden*« auf dem Durchzug und hätten früher nie in diesem Tal gelebt. Das war eine glatte Geschichtsfälschung: Für etwa 4000 Jahre war das Tal eine Kultur- und Gartenlandschaft der *Miwok, Yokut, Paiute* und *Ahwahneechees* gewesen – mit Feldern, Wiesen, Früchten und Heilpflanzen.

Die romantische Fiktion einer vom Menschen unberührten Natur wurde in den USA im Jahr 1964 mit dem *Wildnis-Gesetz* zur geltenden Rechtsprechung: »*Wildnis*« ist demnach ein »*unberührter Ort, in dem der Mensch nur ein vorübergehender Besucher ist*«. Der Nationalpark *Yosemite* wurde vom

WWF und anderen großen Naturschutzorganisationen wie *Conservation International* als Modell in die ganze Welt exportiert. Die Nationalpark-Ideologie hat seit der Gründung des WWF zu einer Massenumsiedlung im Namen des Naturschutzes geführt, der weltweit geschätzte 20 Millionen Menschen zum Opfer gefallen sind; zu einhundert Prozent sind die Betroffenen Farbige: Indianer, Schwarze, Adivasi, Pygmäen, Dayaks oder Papua.

Prinz Philip geht an Bord

Einen letzten Anstoß für die Gründung des WWF lieferte **Sir Julian Huxley**, Naturwissenschaftler und Präsident der britischen Eugenik-Gesellschaft. Er vertrat die Ansicht, dass *»die Ausbreitung des Menschen gegenüber der Erhaltung anderer Arten zweitrangig ist.«*[9] Das gilt offenbar insbesondere dann, wenn die ausbreitungswilligen Menschen schwarz sind. Huxley war auch Mitarbeiter der Politisch-Wissenschaftlichen Planungsabteilung des *Royal Institute of International Affairs.* Diese außenpolitische Denkfabrik befasste sich mit Bevölkerungskontrolle und mit der Frage, wie sich das Empire auch nach dem Verlust seiner Kolonien langfristig Rohstoffe sichern könnte.

Huxley machte sich 1960 auf den Weg nach Afrika, um herausfinden, wie es um die Nationalparks stand. In einigen Ländern bedeckten sie mit ihrem wertvollen Wildbestand mehr als 20 Prozent der Staatsfläche. Drei Monate lang reiste Huxley durch Ost-, Zentral- und Südafrika und kam zu dem Urteil, dass die jungen, schwarzen Regierungen die Wildreservate und Nationalparks ruinierten. Seine Beobachtungen schrieb er in Artikeln für den *Observer* nieder: In *Kenia, Tanganyika* und *Rhodesien* seien die wilden Tiere praktisch verschwunden: »*Überall breitet sich Landwirtschaft aus, es gibt immer mehr Rinderherden, die die wilden Tiere verdrängen, und die Wilddieberei nimmt zu. Große Flächen sind überweidet und degenerieren zu Halbwüsten; und über allem und hinter all diesen Entwicklungen steht das unerbittliche Bevölkerungswachstum, welches noch mehr auf das knapper werdende Land drückt.*«[10]

Huxley wandte sich hilfesuchend an Max Nicholson, den Gründer des britischen *Naturschutzrates*. Der war ebenso besorgt über die Entwicklung: »*Wir glauben, dass alle Anstrengungen zur Bewahrung der Natur unter den neuen afrikanischen Regierungen zunichte gemacht werden.*«[11] Gemeinsam mit dem angesehenen Naturwissenschaftler Peter Scott hatten die beiden die Idee, eine supranationale Organisation zu gründen, die mit viel Geld und einer schlagkräftigen Struktur die letzten Paradiese des weißen Mannes in Afrika retten sollte.

Bei einem Ausflug auf der Segeljacht *Sceptre* im Frühjahr 1961 machte Peter Scott seiner Königlichen Hoheit, Prinz Philip von Großbritannien, den Vorschlag, Präsident der neuen Organisation zu werden. Beim WDR-Interview im Februar 2011 im Buckingham-Palast kann sich der Prinz nicht mehr erinnern, ob das entscheidende Gespräch mit Peter Scott tatsächlich auf der Jacht oder an Land stattfand. An die Einladung Peter Scotts erinnert er sich lebhaft, ebenso an die Tatsache, dass er selbst an der Charta des WWF mitgearbeitet hat. Die schöne Gründerzeit! Seine hellwachen Augen blitzen fröhlich. Der WWF ist sein Lebenswerk – das einzige Reich, in dem er sich unabhängig von seiner Gattin Elisabeth II. bewegen konnte.

Mit der ihm eigenen Lakonie fasst er die Gründungsgeschichte in wenigen Sätzen zusammen: »*Peter Scott sagte, wir müssen das Ding jetzt in die Welt setzen und Sie sollten Präsident werden. Ich sagte: Nur von der britischen Sektion, nicht international. Ich bin schon Präsident des Internationalen Reitverbandes. Das reicht mir. Aber ich gab ihm einen Tipp: Prinz Bernhard der Niederlande ist gerade im Claridge's abgestiegen, der interessiert sich auch für Tiere und Naturschutz. Geh hin und frag ihn. Und das hat er gemacht.*«

Prinz Bernhard nahm die Präsidentschaft an und stürzte sich mit Leidenschaft auf die Aufgabe. Er und die Gründer des WWF träumten davon, ein zusammenhängendes supranationales Parksystem von Kenia bis Südafrika zu schaffen – unter ihrer Kontrolle. Am 11. September 1961 wurde der *World Wildlife Fund* als eine der letzten Zuckungen des Empire gegründet, mit Sitz in Gland am Genfer See.

Nashorn Gerti

Um die Nationalparks in Afrika wieder auf Vordermann zu bringen, brauchte der WWF viel Geld – von reichen Wohltätern, aber auch vom einfachen Volk. Damit die Werktätigen fleißig spenden, entwickelten die PR-Strategen des WWF eine kommerzielle Strategie, die der designierte Vizepräsident Peter Scott als »*Schocktaktik*« beschrieb. Die Werbeagentur *Mather & Crowther* hat offenbar weltweit nach Horrorbildern über Massaker an Tieren Ausschau gehalten. Das Ergebnis war eine WWF-Broschüre mit dem Titel *Save the World's Wildlife*.

Um diese Lektüre unter die Leute zu bringen, fädelte der WWF einen Deal mit der Sonntagszeitung *Daily Mirror* ein, die damals noch eine Auflage von über fünf Millionen Exemplaren erzielte. Sie ging am 9. Oktober 1961 mit einer Sonderausgabe auf den Markt: Sechs Seiten prallvoll mit den besten Horrorbildern aus der WWF-Broschüre. Auf der Titelseite ein Foto von Nashorn *Gerti* an der Seite ihres Babys, mit einem dramatischen Appell an das Gewissen der Leser: »ES MUSS SOFORT ETWAS GESCHEHEN – *sonst werden dieses Nashorn und sein Baby bald so tot wie ein Dodo sein.*« Ein »Dodo« ist ein fluguntauglicher Riesenvogel, dessen Schicksal 1961 in aller Munde war.

Das Ergebnis der Schockbehandlung war ermutigend: Innerhalb von vier Tagen spendeten 20.000 Menschen dem WWF Geld für die Rettung der bedrohten Tiere – im Glauben, ihr hart erspartes Geld würde tatsächlich *Gerti* und den anderen bedrohten Nashörnern helfen. Nach den Recherchen des britischen Journalisten **Kevin Dowling** hat der WWF vom Erlös dieser ersten großen Spendenkampagne keinen einzigen Penny in die Rettung der bedrohten Nashörner investiert. Erst zwölf Jahre später flossen scheinbar zum ersten Mal WWF-Gelder in eine Rettungsaktion für das Nashorn.[12] Ich will nachhaken und nehme Kontakt mit dem WWF in Südafrika auf – doch meine Bitte um ein Interview wird abgelehnt.

Der WWF hatte bei der Manipulation der Spender offenbar kein schlechtes Gewissen. Er nutzte ihr Mitgefühl für bedrohte Tiere hemmungslos aus. Das belegt auch ein Vortrag vom WWF-Mitbegründer Max Nicholson, der sich kurz nach dem Abschluss der ersten großen Spendenaktion bei einer Veranstaltung mit WWF-Kampagnenleitern in Zürich zu der Aussage hinreißen ließ: »*So hat sich bestätigt, was wir vermuteten: Die Krisensituation in der Tierwelt ist werbewirksam und lässt sich effizient für die Beschaffung von Geld einsetzen.*«[13]

Die Masche funktionierte so gut, dass der WWF sie so oder so ähnlich bis heute anwendet, jedes Jahr mit einem anderen »charismatischen« Tier. Mal ist der Tiger dran, mal der Wal, dann wieder der Elefant.

Öl im Blut

Als Prinz Bernhard der Niederlande im Jahr 1962 sein Amt als Präsident von WWF International antrat, brachte er einen alten Freund als Großsponsor mit ins Boot: **John H. Loudon**, Generaldirektor des Erdöl- und Chemiegiganten *Royal Dutch Shell*. Das brachte dem WWF Geld – aber auch einen Haufen Probleme mit anderen Naturschutzorganisationen. Denn *Shell* machte damals den größten Profit mit Patenten an Pestiziden auf der Basis von Chlorkohlenwasserstoff (CKW).[14]

Im Jahr 1962 wurde in mehreren wissenschaftlichen Publikationen enthüllt, dass ausgerechnet diese Pestizide extrem gefährlich für wilde Tiere sind. Immer wieder kam es zu Massensterben unter Vögeln, die mit Shell-Produkten behandelte Körner gepickt hatten. Der Konzern reagierte auf die Veröffentlichungen nicht mit Selbstkritik, sondern mit Gegengutachten höriger Wissenschaftler – und mit intensiver politischer Lobbyarbeit.

Bei der Abwehr der unangenehmen Wahrheit konnte *Shell*

sich ganz auf den WWF verlassen. Prinz Bernhard persönlich verteilte im Stiftungsrat des WWF ein Argumentationspapier von *Shell*-Boss John H. Loudon. Darin bat er den WWF darum, keine Kritik an den gefährlichen Substanzen zu äußern. Loudon betonte den »*humanitären Nutzen*« der Pestizide, der darin bestünde, Hungersnöte in der Welt zu verhindern.[15]

Nur **Sir Peter Scott**, ein renommierter britischer Naturwissenschaftler, widersetzte sich auf der Sitzung des höchsten Führungsgremiums des WWF der dreisten Argumentation von *Shell*. Er sagte, »*Gier*« und die »*totale Missachtung der Umwelt*« seien in Wahrheit die größte Bedrohung für das Leben auf der Erde. Aber auch Scott bestand am Ende nicht auf einer öffentlichen Kritik an Sponsor *Shell*. Man einigte sich darauf, die Frage zu vertagen – mit dem Ergebnis, dass der WWF in den nächsten Jahren zu diesem Thema schwieg. So lange, bis sich das Thema CKW-Pestizide Mitte der 70er-Jahre von selbst erledigte: Sie wurden in den USA und den meisten anderen Ländern der Erde verboten.

Immer wieder kam es im Exekutivkomitee des WWF zu Debatten über die Frage, ob man Spenden von »*verantwortungslosen*« Unternehmen annehmen dürfe. Das Komitee kam nach reiflicher Überlegung Anfang der 1980er-Jahre zu der endgültigen Entscheidung, lieber nicht so streng zu sein. Es sei »*schwierig bis unmöglich*«, ein moralisches Urteil über ein Unternehmen zu fällen. Ein Mitglied des Exekutivkomitees berief sich laut Protokoll sogar auf das Vorbild der Kirche: »*Es wurde angemerkt, dass keine Kirche jemals Spenden von Sündern abgelehnt hat.*«[16]

Drei Jahre nach dem Pestizidskandal wurden die Beziehungen zu dem Ölmulti noch enger. John H. Loudon, inzwischen nicht mehr Generaldirektor der *Shell AG*, sondern ihr Aufsichtsratsvorsitzender, wurde 1966 auf Vorschlag von Prinz Bernhard Mitglied des Stiftungsrates von WWF International. Die Ölindustrie konnte ab jetzt noch direkter die Umweltstrategie der größten Naturschutzorganisation der Erde mitbestimmen. Das sollte sich bereits ein Jahr später bezahlt machen.

Am 26.3.1967 fuhr der Öltanker *Torrey Canyon* auf ein Riff im Ärmelkanal. Der Tanker, der für *British Petroleum (BP)* fuhr, brach auseinander; 200 Kilometer der britischen und französischen Küste wurden mit Öl verseucht – die erste Ölpest der Nachkriegsgeschichte. 15.000 Seevögel starben einen qualvollen Tod, und die Ölindustrie geriet unter öffentlichen Beschuss. Nur der WWF hielt sich vornehm zurück. Der internationale Stiftungsrat beschloss, sich der Kritik anderer Naturschutzverbände nicht anzuschließen, »*denn das könnte zukünftige Bemühungen um Spenden seitens gewisser Industriezweige, vor allem in den Vereinigten Staaten, gefährden.*«[17] Die Führung des WWF erlaubte der britischen WWF-Sektion lediglich, einen *Seevogel-Appell* zu verabschieden, bei dem 5000 Pfund zusammenkamen. Mit dem Geld wurden verölte Vögel gesäubert und umgesiedelt. Der WWF begnügte sich damit, dabei zu helfen, den Dreck wegzumachen, den seine Partner aus der Industrie hinterlassen hatten. Ein Geschäftsmodell mit Zukunft?

Alte Kameraden

1975 setzte der US-Senat einen Untersuchungsausschuss ein, der illegale Zahlungen des Rüstungskonzerns *Lockheed* untersuchen sollte. Dabei kam heraus, dass der US-Konzern auch mit Prinz Bernhard Bestechungszahlungen vereinbart hatte, damit die Niederlande Kampfflugzeuge des Typs *Orion* anschafften. Die niederländische Regierung räumte in einem eigenen Untersuchungsbericht vom August 1976 ein, dass die Korruptionsvorwürfe zutreffend waren.

Abstreiten wäre auch sinnlos gewesen, denn Prinz Bernhard hatte allzu deutliche Spuren hinterlassen; darunter einen handgeschriebenen Bettelbrief an den Rüstungskonzern, in dem der Prinz um zwei Millionen Dollar Provision gebeten hatte. Zu viel, meinte die Unternehmensführung von *Lockheed* und schickte den Manager Bixby-Smith nach Holland. Im *Soestdijk*-Palast einigte er sich mit dem Prinzen auf einen Kompromiss: *Lockheed* würde Bernhard eine Million Dollar auf ein Genfer Nummernkonto überweisen, sofern die niederländische Regierung mindestens vier Orion-Flugzeuge bestellte. Als die Geschichte aufflog, brachte Prinz Bernhard zu seiner Verteidigung vor, das Geld sei für einen guten Zweck bestimmt gewesen – für den WWF. Dies konnte er jedoch nie belegen.

Der britische Journalist **Kevin Dowling** entdeckte 1995 bei seinen Recherchen über die Geschichte des WWF, dass Prinz Bernhard schon lange vor dem Skandal, nämlich seit 1959, als Lobbyist für den US-amerikanischen Waffenkonzern tätig war. Ein alter Freund aus der Nazi-Zeit hatte ihm den Kontakt verschafft: **Dr. Max Ilgner**, der einst Vorstandsmitglied der *IG Farben* gewesen war und nun, nach Abbüßung seiner Haftstrafe wegen Kriegsverbrechen, für den *Lockheed*-Konzern arbeitete. Beim IG-Farben-Konzern hatte Max Ilgner unter anderem die Abteilung NW7 (Industriespionage) geleitet.

Einer seiner Untergebenen war Prinz Bernhard zur Lippe-Biesterfeld, der als Direktionsassistent in der Pariser Niederlassung arbeitete.[18]

1937 schied der Prinz aus dem Konzern aus und heiratete die niederländische Kronprinzessin Juliane. Prinz Bernhard war nicht nur ein Spion der IG Farben gewesen, sondern auch Mitglied der Reiter-SS – ein Detail seiner Biografie, das er den Niederländern wohlweislich verschwieg.

Als der *Lockheed*-Skandal 1976 öffentlich wurde, war Prinz Bernhard als Präsident des WWF nicht mehr tragbar und trat auf Wunsch des Exekutivkomitees zurück. Nachfolger im Amt wurde sein Freund John H. Loudon, Aufsichtsratsvorsitzender der Königlich-Niederländischen *Shell*. Entgegen den Befürchtungen der Zentrale führte der *Lockheed*-Skandal in den Niederlanden nur zu einem geringfügigen Rückgang bei den Spendeneinnahmen des WWF. Die Menschen lassen sich den Glauben an den Panda nicht so einfach vermiesen.

Prinz Bernhard hinterließ ein politisches Erbe, das in Teilen bis heute Stil und Innenleben des WWF prägt, zum Beispiel sein Faible für Geheimgesellschaften. So gründete der Prinz nicht nur die elitäre *Bilderberg-Gesellschaft*, sondern ebenso die WWF-Geheimloge, den *Club der 1001*. Auch das Ordenssystem, das der Prinz beim WWF einführte, hat das elitäre Selbstverständnis der Organisation geprägt.

Die höchste WWF-Auszeichnung ist der *Orden der Goldenen Arche*, der in »*Anerkennung besonderer Verdienste um den weltweiten Erhalt von Flora und Fauna*« verliehen wird. Wer diese Verdienste nicht vorweisen kann, den Orden aber trotzdem gerne auf dem nächsten Panda-Ball tragen möchte, muss eine Spende von mindestens einer Million Dollar auf den Tisch legen. Einige reiche Schöngeister haben von diesem fairen Angebot Gebrauch gemacht, zum Beispiel Laurance Spelman Rockefeller.

Preiswerter ist die zweite Kategorie des WWF-Ordenssystems, die »*Goldmedaille für Herausragende Naturschützer*«. Das Gold für die Herstellung des Ordens musste der WWF nicht einmal selbst bezahlen – es wurde von der südafrikanischen Handelskammer gespendet. Obendrauf bekommt der Geehrte auch noch eine goldene Rolex-Uhr.

Einer der ersten Empfänger der Goldmedaille mit Rolex war Prof. Dr. Bernhard Grzimek, ebenfalls Mitglied im *Club der 1001*. Der Direktor des Frankfurter Zoos verkörperte wie kein anderer die romantische Seele des WWF. Monat für Monat verkündete er im Fernsehen oder im Kino mit seiner knarzigen Wohltäterstimme den Lockruf der Wildnis. Grzimek war trotz seiner wichtigen Rolle als Aushängeschild des WWF ein Exot im *Club der 1001*. Denn fast alle anderen Mitglieder waren und sind reiche Geschäftsleute, die eher dem Lockruf des Geldes als dem der Wildnis folgten. Sie wussten, wie man Naturschutz und Geschäft harmonisch miteinander verbinden konnte – wie etwa der pakistanische Milliardär und Sektenführer **Prinz Sarrudin Aga Khan.** Auch er war Mitglied des WWF-Geheimclubs und brachte es bis zum Vizepräsidenten von WWF International. Sein Familienclan hat Milliarden in den Ländern Afrikas investiert – und dabei haben Macht und das informelle politische Netzwerk des WWF sicher nicht geschadet.

Auf dem 250 Quadratkilometer großen Boden des *Ngorongoro*-Kraters in Tansania leben Tausende Elefanten, Büffel, Nashörner, Flamingos und Löwen; der Krater ist ein Garten

Eden und gilt als das »achte Weltwunder«. Hier durften die Massai sich niederlassen, nachdem sie aus der *Serengeti* vertrieben wurden. Ihre Rinder fanden im Krater Salz und Wasser. Zwei Jahre nach der Umsiedlung der Massai wurde Tanganyika unabhängig.

In dem neuen Staat, der sich nach der Vereinigung mit Sansibar in *Tansania* umbenannte, war damals die Macht der weißen WWF-Funktionäre groß. Sie kontrollierten die Nationalparks und damit auch die Geldströme, die von den internationalen Naturschutzorganisationen und den westlichen Staaten nach Afrika flossen, um die Nationalparks zu schützen. Die Naturschutzlobby übte beharrlich Druck auf die Regierung des Landes aus, um den Massai auch das neue Siedlungsgebiet wegzunehmen: Das *Ngorongoro*-Schutzgebiet sei überweidet, und die Massai verbrauchten zu viel Wasser. Die Naturschützer erreichten ihr Ziel, und die Massai wurden 1974 zum zweiten Mal vertrieben.

Die Regierung schickte Militär in den *Ngorongoro*, die Soldaten trieben die Menschen aus den Hütten und brannten diese vor den Augen der Bewohner nieder.[19] Sie öffneten auch die Kraals in den Dörfern und trieben das Vieh aus dem Krater. Wenn die Kühe instinktiv zurückkehrten, wurden sie erschossen. Massai, die sich der Vertreibung widersetzten, wurden niedergeknüppelt und ins Gefängnis geworfen.

Nachdem die Lehmhütten der Massai verschwunden waren, übernahmen Tourismus-Unternehmen die Regie und legten im Krater große Zeltlager an, in denen Tausende von Touristen campen durften. Veranstalter wie der *Sierra Club* boten den Gästen aus Europa und den USA Luxuszelte mit richtigen Federbetten, Duschen und eisgekühltem Bier an.

Das Eis dafür wurde von Generatoren produziert, die den Krater Tag und Nacht mit ihrem Lärm erfüllten. Von Wasserknappheit war keine Rede mehr.

Erst 1992 setzte die Regierung ein Campingverbot auf dem Grund des Kraters durch. Ein Sieg für die Verwaltung des Naturschutzparkes *Ngorongoro*, der sich jedoch als Pyrrhussieg erweisen sollte. Denn bald tauchte ein mächtiger Investor auf, der mitten im Naturschutzgebiet ein Luxushotel bauen wollte, direkt am Kraterrand. Die Verwaltung des Naturparks lehnte den Plan ab, aber der Präsident des Landes gab den Befehl, eine Sondergenehmigung zu erteilen, denn der Investor war nicht irgendwer, sondern ein *»Freund«* des Landes: der pakistanische Milliardär, seine Hoheit **Prinz Karim Aga Khan IV.**, Mitglied des *WWF-Clubs der 1001* und Neffe von WWF-Vizepräsident Prinz Sarrudin Aga Khan.

Die Verwaltung des Schutzgebietes musste sich beugen. Ein ökologisches Desaster war zu befürchten, denn nach der feierlichen Eröffnung der *Serena*-Safari-Lodge im Jahr 1996 ging es mit dem Safari-Tourismus erst richtig los. Für 630 Dollar die Nacht kann man in der Hauptsaison im Luxushotel mitten in der Wildnis recht komfortabel wohnen. Täglich donnern seitdem 150 Jeeps pro Tag in den Krater – zum Foto-Shooting auf wilde Tiere. Nach der aufregenden Safari gibt es am Kraterrand den Nachmittagstee mit Showeinlage: Massai-Krieger in ihren roten Umhängen tanzen vor den Ökotouristen, und das Hotel bietet Ausflüge in *»traditionelle Massai-Dörfer«* an. Aus den Hirten sind Bettler geworden, die von den Almosen der Tourismusindustrie leben.

Das Hotel des Aga Khan und das später gebaute Nachbarhotel *Ngorongoro Sopa* verbrauchen enorme Mengen an Wasser. Weil sie das Süßwasser aus dem Krater pumpen, dringt immer mehr Salzwasser aus dem *Ngorongoro*-Salzsee in das Grundwasser ein. Als Folge der Versalzung sterben die Wälder im Krater. Aber die Touristen brauchen sich keine Sorgen zu machen, denn für die Krise werden wieder einmal die Massai verantwortlich gemacht, obwohl sie den Krater nur noch einmal am Tag betreten dürfen, damit ihre Rinder Salz und Wasser aufnehmen können. Schon wird über eine dritte Vertreibung des Massai-Volkes diskutiert. In der Nähe des Hotels des Aga Khan erhebt sich am Kraterrand eine Pyramide aus Natursteinen. Hier liegen die sterblichen Überreste von Prof. Bernhard Grzimek und die seines Sohnes Michael. Ihr Geist lebt noch.

Leichen im Keller

Dringt ein Unbefugter in das innere Reich des WWF ein, zahlt er dafür einen hohen Preis – so wie der britische Journalist **Kevin Dowling**, der 1990 in den Besitz interner WWF-Unterlagen gelangte, darunter auch der Mitgliederliste des *Clubs der 1001*. Dafür musste der Journalist, der sich als Naturfilmer einen Namen gemacht hatte, teuer bezahlen. Sein Film über das Innenleben des WWF mit dem Titel *Das Geheimnis des Nashorns* wurde nie gezeigt, die Rechercheergebnisse verschwanden in den Archiven des Fernsehsenders *Channel 4*; er war beruflich erledigt: *»Ich hatte keine Chance, denn der WWF verfügt über zu starke Verbindungen.«* Dowling kam nicht wieder auf die Beine, verdiente seinen Lebensunterhalt mit Artikeln für eine Provinzzeitung und starb 2008 –

verbittert und krank. Doch er war ein zu guter Journalist, um seine Entdeckungen ganz dem Vergessen zu überlassen. Er hat Kopien geheimer Dokumente gemacht und dafür gesorgt, dass sie eines Tages wieder auftauchen werden.

Auf Kevin Dowlings Spur kam ich beim Surfen im Internet. Dabei fiel mir eine Meldung der niederländischen Zeitung *Algemeen Dagblad* vom 17. Januar 2000 auf: Ein niederländischer Anwalt namens **J. G. G. Wilgers** hatte einen Prozess gegen den WWF gewonnen und durfte ihn nach dem Urteil ungestraft als »*kriminelle Organisation*« bezeichnen. Ich rief den Anwalt in Goes an, er war sofort Feuer und Flamme: »*Der WWF beteiligte sich früher unter dem Deckmantel des Naturschutzes an kriminellen Machenschaften. Wussten Sie, dass ein Kommando mit WWF-Verbindungen angeblich in Südafrika sogar Gegner des Apartheidregimes ermordet haben soll?*« Einen Moment lang erwäge ich, einfach aufzulegen. Der gute Advokat in Goes ist offenbar ein Liebhaber von Verschwörungstheorien. Andererseits: Wenn er falsche Anschuldigungen erhebt, warum wurde er dann freigesprochen? Ich will wissen, ob er seine Thesen auch in einem aufgezeichneten Interview wiederholen und belegen würde. Wilgers zögert, bevor er sagt: »*Im Prinzip ja, aber es gibt jemanden, der mehr weiß als ich.*« Dieser jemand heißt René Zwaap und wohnt in Amsterdam in der Nähe des Hauptbahnhofes. Ich treffe ihn im hektischen und zugigen Chinarestaurant Yan.

René Zwaap ist ein leicht gebeugter, dünner Mann, Mitte vierzig, mit großem wuscheligen Haarschopf und Nickelbrille. Er begrüßt alle anwesenden chinesischen Kellner persönlich. Bevor die Peking-Ente auf unserem Tisch landet, hat er schon drei Zigaretten geraucht und mir sein Leben erzählt: Er ist

Redakteur der Internetzeitung *Public Affairs*, vorher schrieb er für die kritische Wochenzeitung *De Groene Amsterdammer*, gerade arbeitet er an zwei Dokumentarfilmen über die Kriegsgeschichte der Niederlande und an einem Buch über Prinz Bernhard.

Der deutsche Mann an der Seite der populären niederländischen Königin Juliane hat es ihm angetan: »*Bernhard hat die niederländische Geschichte stärker geprägt, als man denkt. Für eine niederländische Zeitung habe ich einmal etwas über seine Zeit bei der IG Farben recherchiert. Prinz Bernhard bekam das mit und bestellte meinen Herausgeber zu sich. Sie sprachen sich aus und wurden dicke Freunde. Später zeigte mir mein Chef eine Ansichtskarte, die er von Prinz Bernhard erhalten hatte. Auf der Rückseite stand: Warum arbeitet dieser unverschämte Kerl immer noch bei dir?*«

Auf die fragwürdigen Zwischenstationen im Lebenslauf des Prinzen stieß René Zwaap durch einen Zufall: »*Ich fuhr 1997 nach England, um den Journalisten Kevin Dowling zu besuchen; jemand hatte mir gesagt, er habe eine Kopie von Prinz Bernhards Mitgliedsausweis bei der Reiter-SS. Tatsächlich hatte er sie. Er gab sie mir, ohne etwas zu verlangen. Er hatte aber etwas auf dem Herzen, das er unbedingt loswerden wollte. Ich spürte sofort, dass es um etwas sehr Wichtiges ging und nahm das Gespräch mit einer Hi8-Kamera auf.*«

Kevin Dowling sieht auf den blassen und verpixelten Videobildern aus wie das Klischee eines leicht verarmten, konservativen britischen Gentleman: Im grauen Nadelstreifenanzug, mit rot-braun gestreifter Krawatte sitzt er im Ohrensessel inmitten einer Landschaft aus Bücherregalen, Porzellanfiguren, Gummibäumchen und anderem Nippes. Er erzählt von sei-

Kevin Dowling, 1997

nem Kampf mit dem WWF, der für ihn mit einer vollständigen Niederlage endete – fünf Stunden lang. Das Video ist das Vermächtnis eines gescheiterten Helden.

1989 hatte er seinen ersten Dokumentarfilm über das Schicksal der großen Tiere gedreht: *The Elefant Man*. Der Film dokumentierte, dass eine Million Elefanten in Afrika von Wilderern abgeschlachtet worden waren. Das Publikum war tief erschüttert und spendete dem WWF – so viel wie nie zuvor. »*Die Zahlen über die abgeschlachteten Elefanten*«, so Kevin Dowling, »*hatte ich vom WWF. Ich bekam schon bei den Dreharbeiten Zweifel, denn woher sollten die Afrikaner in Kenia, Zambia und Tansania so viele Gewehre haben, um eine Million Elefanten zu töten? Bevor der Film fertig war, wusste ich: Diese Zahl war falsch. Der WWF hätte es eigentlich besser wissen müssen. Ich halte es für möglich, dass er mich damit gefüttert hatte, um Stimmung für eine härtere Gangart gegen Wilddiebe zu machen. Ich brachte den Film trotzdem zu Ende und erhielt für ihn vom WWF sogar einen Preis. Aber meine Zweifel wogen schwer.*«

Kevin Dowling brach erneut nach Afrika auf, diesmal mit dem Ziel, die Geheimnisse des WWF aufzudecken. 1992 strahlte der britische Sender *ITV* das Ergebnis der Recherchen aus: *Ten pence in the Panda*, eine erste Auseinandersetzung mit dem kolonialen Erbe des WWF. Dieser Film ist nur einmal gesendet worden, dann verschwand er im Archiv. Ich habe versucht, zumindest eine Ansichtskopie vom Sender zu erhalten – vergebens. Der Dokumentarfilm ist auch 20 Jahre nach seiner Ausstrahlung gesperrt. Es ist wie verhext: Niemand hat eine Kopie, er steht in keiner Bibliothek. Die politischen und medialen Freunde des WWF haben offenbar gründlich sauber gemacht, denn für den WWF waren Dowlings Recherchen Dynamit. Unter anderem glaubte er, Beweise dafür gefunden zu haben, dass Spendengelder zweckentfremdet wurden. Vor Renés Kamera holt Kevin Dowling einen Aktenordner aus dem Wohnzimmerschrank und öffnet ihn. Laut Dowling handelt es sich um einen internen und geheimen Untersuchungsbericht des WWF, den so genannten *Phillipson-Report*.

1987 hatte der WWF den Oxforder Ökologen **John Phillipson** mit einer umfassenden Unternehmensprüfung beauftragt. Die WWF-Geschäftsführung dürfte von der Prüfung nicht gerade begeistert gewesen sein, aber sie geschah auf ausdrücklichen Wunsch von **Anton Rupert**. Der südafrikanische Tabaktycoon hatte die Macht dazu, denn er zahlte laut Dowling das Gehalt des Generaldirektors des WWF aus eigener Tasche. Auch dies wurde jahrelang vom WWF als Geheimnis gehütet. Rupert wollte wissen, wie effizient die internationalen Projekte des WWF waren und was am Management verbessert werden konnte.

Das Ergebnis der damaligen Prüfung war unzweideutig: Langfristige Erfolge des WWF gebe es »wenig«, und in der Dritten Welt werfe man ihm vor, »egozentrisch und neokolonialistisch« zu handeln. Lokale WWF-Mitarbeiter in Entwicklungsländern würden oft diskriminiert. »*Sie ärgern sich darüber, dass sie nicht gefragt, ja nicht einmal informiert werden, wenn es um Naturschutzprojekte in ihrem eigenen Land geht.*« Auch das Finanzgebaren des WWF sei insgesamt nur als »*entsetzlich*« zu bezeichnen. Nur der persönliche Druck von Prinz Philip, der zu dieser Zeit bereits Präsident von WWF International war, konnte Prüfer Phillipson dazu bewegen, dieses Urteil in »*es lässt zu wünschen übrig*« abzuschwächen. Über das Rechnungswesen und damit über die Verwendung der Spendengelder fällte Phillipson ein vernichtendes Urteil, das er etwas prosaisch so umschrieb: »*Ein emsiger Prüfer, angesetzt auf die Akten mit den Projektabrechnungen, würde einen Schrank voll mit Skeletten öffnen.*« Über viele Feldprojekte fand Phillipson überhaupt keine Berichte, bei anderen gab es keine Abrechnungen darüber, wohin die Gelder geflossen waren.

Prinz Philip war vermutlich »not amused« über das Treiben des Prüfers und schrieb dem Generaldirektor des WWF, Charles de Haes, einen geharnischten Brief: »*Ich hatte keine Ahnung, dass wir damit in so einer Patsche landen würden! Was immer wir auch damit anfangen, wir werden Ärger bekommen. Wenn wir es nicht vollständig veröffentlichen, wird man uns anklagen, dass wir irgendetwas vertuschen. Wenn wir es veröffentlichen, dann haben alle Miesmacher einen Festtag.*«[20] Der Prinz gab den Rat, den brisanten Bericht nicht im Stiftungsrat des WWF zu verteilen. Von den 208 Seiten der Prüfung wurden am Ende ganze 9 Seiten verteilt. Zu Recht befürchtete Philip einen Spendeneinbruch, sollten die Erkenntnisse des Prüfers bekannt werden, einige davon waren reines Dynamit. Über die WWF-Kampagne zur Rettung des Pandas urteilte Phillipson zum Beispiel: »*Der WWF hat nicht ernsthaft versucht, sein*

Panda-Programm erfolgreich umzusetzen ... die Spender wären bestürzt, erführen sie, dass die Kapitaleinlagen praktisch abgeschrieben werden müssen.«

Mit seinem Film *Ten Pence in the Panda* fügte Kevin Dowling dem Bild des WWF ein paar dicke Kratzer zu, aber die öffentliche Debatte ebbte schnell wieder ab. Dowling gab sich damit nicht zufrieden – er hatte noch mehr Munition im Koffer. Die Redakteure des öffentlich-rechtlichen Fernsehsenders *Channel 4* waren begeistert, als Dowling bei ihnen mit einem neuen Filmprojekt vorstellig wurde.

Operation Lock

Bei seinen Recherchen war Dowling über Informationen zur *Operation Lock* gestoßen, einer militärischen und nachrichtendienstlichen Aktion, in die der WWF verwickelt war. Das private Sicherheitsunternehmen KAS aus Großbritannien hatte 1987 im Auftrag des WWF eine Söldnertruppe aufgestellt, um den Schwarzhandel mit Elfenbein und mit dem Horn des Rhinozeros zu bekämpfen.

1996 setzte die südafrikanische Regierung unter Nelson Mandela eine Komission ein, die kriminelle Aktivitäten des Apartheidregimes unter dem Deckmantel des Naturschutzes untersuchen sollte. Richter **Mark Kumleben**, der die Untersuchungskommission leitete, fand heraus, dass die Regierung Südafrikas in den von Schwarzen regierten Nachbarstaaten heimlich und in großem Stil die Abschlachtung großer Elefanten- und Nashornbestände organisiert hatte, vor allem in Angola.

Das Hauptziel der Geheimdienst-Operation war, die schwarz

regierten Nachbarstaaten politisch und wirtschaftlich zu desta-
bilisieren – nach dem Motto: Seht her, die Schwarzen können
es einfach nicht. Südafrikas *Krüger-Nationalpark* stand umso
glänzender da und wurde vom WWF weltweit über den grünen Klee gelobt und mit Spendengeldern ausgestattet. Augen-
zeugen gestanden Richter Kumleben, dass in Lagerhäusern des
südafrikanischen Armeegeheimdienstes monatlich 3000 Paar
gewildertes Elfenbein umgeschlagen wurden.

Auch die Existenz der geheimen WWF-Einheit wurde von
Richter Kumleben untersucht, anscheinend jedoch nicht besonders gründlich. Der Richter vernahm dazu einen Agenten der südafrikanischen Geheimpolizei, Mike Richards. Er
war als Undercover-Agent in die WWF-Söldnertruppe einge-
schleust worden, um sie unter Kontrolle zu halten – und um
Informationen abzuschöpfen. Er sagte aus, ein »Vorteil« der
Operation Lock sei gewesen, dass »*das Netzwerk, das man für
die Gewinnung und den Abgleich von Informationen über ge-
fährdete Tierarten und Wildtierprodukte braucht, dieselbe In-
frastruktur voraussetzt, die man auch für die Gewinnung und
den Abgleich von Nachrichten braucht, die in direktem Zusammenhang mit den Aktivitäten anti-südafrikanischer Länder,
Truppen und Völker stehen.*«[21]

Dort, wo Kumlebens Ermittlungen aufhörten, begann
Dowling im Jahr 1996 mit seinen Recherchen. Er ist sich sicher: »*Der Kumleben-Report wurde nur zu Teilen veröffentlicht. Mandela wollte nicht, dass die Kenntnis des WWF vom
schmutzigen Vorgehen des Apartheidregimes bekannt wurde.
Er wollte keine Probleme mit Großbritannien; außerdem moch-
te er den niederländischen Prinzen Bernhard und betrachtete
ihn als Freund.*«[22]

Mehrere Zeitzeugen bestätigten Kevin Dowling, dass die WWF-Spezialeinheit von dem Tier-Massaker des südafrikanischen Geheimdienstes gewusst hatte. **Colonel Crooke**, Kommandeur der KAS, unterzeichnete sogar einen Vertrag, wonach er und alle seine Männer sich verpflichteten, die Verwicklung Südafrikas in die Wilddieberei und den Schmuggel mit Elfenbein geheim zu halten. Im Gegenzug erhielten die Söldner vom Büro des Präsidenten falsche Papiere und Pässe, mit denen sie sich frei bewegen konnten. **Craig Williamson**, einer der wichtigsten Agenten des südafrikanischen Geheimdienstes, sagte vor Dowlings Kamera aus, er persönlich habe die falschen Papiere an Oberst Crooke ausgehändigt. Die geheime Kommandoeinheit war seit November 1987 in Südafrika und in den Nachbarländern aktiv. Das KAS-Team hatte in Pretoria, später in Johannesburg, ein Safehouse als Hauptquartier.

Die Aussagen Kevin Dowlings klingen unglaublich, aber sie sind keineswegs aus der Luft gegriffen; es gibt auch andere Quellen. Am Afrika-Institut der Universität Leiden treffe ich **Prof. Stephen Ellis**. Er war zur Zeit der Ereignisse Herausgeber des Informationsdienstes *Africa Confidential* mit Sitz in London. Ein Insider spielte ihm 1990 interne WWF-Dokumente zu: »*Die Quelle möchte ich nicht nennen, der WWF hat aber zu keinem Zeitpunkt die Echtheit der Dokumente bestritten. Nach Dokumentenlage ist klar, dass Prinz Bernhard gemeinsam mit dem südafrikanischen WWF-Funktionär John Hanks die Idee hatte. Hanks war damals der Afrika-Verantwortliche in der WWF-Führung. Die beiden heuerten eine private Sicherheitsfirma an, die aus ehemaligen Soldaten der britischen Eliteeinheit SAS bestand. Die tauchten in Südafrika mit* *dem Auftrag auf, Schwarzhändler von Rhinozeros aufzuspüren und auszuschalten. Der WWF hat versucht, seine Schuld an der Aktion herunterzuspielen, indem er betonte, Prinz Bernhard sei zum Zeitpunkt der Aktion schon nicht mehr Präsident von WWF International gewesen, sondern nur noch vom WWF der Niederlande. Das Generalsekretariat in Gland habe von all dem nichts gewusst. Bernhard und John Hanks nahmen die ganze Verantwortung tatsächlich auf sich, um den WWF International zu entlasten. Aber die Wahrheit ist, dass auch die Führung von WWF International in die Planung involviert war.«*

Für Stephen Ellis' Behauptung gibt es einen handfesten Beweis. Es handelt sich dabei um einen Brief von **Frans Stroebel**, damals Generalsekretär des WWF Südafrika, an Prinz Philip, zu dieser Zeit noch Präsident von WWF International. Stroebel hatte die Kommandeure der *Operation Lock* persönlich mit den Offizieren des südafrikanischen Geheimdienstes bekannt gemacht und war von Anfang an in die Planung der paramilitärischen Aktionen involviert. In seinem Brief an Prinz Philip im Januar 1990 enthüllt er, dass er von Anfang an – also spätestens seit Herbst 1987 – den Generalsekretär von WWF International, Charles de Haes in die *Operation Lock* eingeweiht habe: »*Ich habe Herrn de Haes eine Reihe von umfassenden Briefings über das Projekt gegeben, seit ich darin involviert war. Im Mai 1989 habe ich ihm sämtliche Details übermittelt. Er setzte sich danach mit seiner Königlichen Hoheit Prinz Bernhard zusammen, um zu erfahren, dass Prinz Bernhard tatsächlich der Sponsor war. Herr de Haes zeigte sich mit dem Fortschritt der Aktion einverstanden und er hat auch in folgenden Diskussionen mit mir niemals angedeutet, dass er über diese verdeckte Aktion oder über meine Beteiligung daran irgendwie* besorgt sei.«[23] Prinz Bernhard heuerte die Firma nach Dowlings Erkenntnissen im Jahr 1987 an und bezahlte sie auf recht ungewöhnliche Art und Weise: Er entnahm der Gemäldesammlung seiner Frau, der niederländischen Königin Juliane, zwei wertvolle Alte Meister und ließ sie bei *Sotheby's* versteigern. Am meisten brachte das Murillo-Bild *Die Heilige Familie* in die Kriegskasse, fast eine Million Dollar. Den Gewinn spendete Prinz Bernhard an den WWF International. Um die Spur des Geldes zu verschleiern, wurde dann beim WWF tief in die Trickkiste gegriffen. Dazu Prof. Stephen Ellis: »*Ich fand später heraus, dass der WWF dieses Geld in einer heimlichen Transaktion an Prinz Bernhard zurücküberwies. Damit bezahlte er dann das Kommando der Sicherheitsfirma KAS.*«[24] Kevin Dowling reiste mit diesem Vorwissen mit seinem Team nach Afrika, um mehr über die Söldnereinheit in Erfahrung zu bringen. Sie bestand überwiegend aus ehemaligen Eliteoffizieren der britischen Luftlandeeinheit *Special Air Services*, kurz *SAS*. Deren legendärer Gründer, Sir David Sterling persönlich, hatte die private Sicherheitsfirma *KAS Enterprises* gegründet. Neben Prinz Bernhard spendete auch er Geld, um das verdeckte Vorgehen in Südafrika zu finanzieren.

Schon während Kevin Dowling recherchierte, nahm der Druck auf den Fernsehsender zu. Eines Tages rief der Direktor des Kanals bei ihm an, er solle in sein Büro kommen: »*Er sagte mir, wir machen natürlich weiter mit dem Projekt, aber die Juristen des WWF haben uns mitgeteilt, dass Sie bei dieser Geschichte befangen sind. Es wäre besser, wenn ein anderer die Regie übernimmt.*« Um den Film zu retten, ließ Dowling sich darauf ein – offiziell war er von nun an nur noch »*Berater*« bei seinem eigenen Filmprojekt. Hauptsache, er konnte weitermachen. Denn bei den Recherchen stieß er auf immer neue Abgründe.

Ehemalige Mitarbeiter des südafrikanischen Geheimdienstes sagten vor seiner Kamera aus, dass die vom WWF geschickte Söldnereinheit nicht nur an Wilddieben interessiert war. Ihr Kommandeur bot dem südafrikanischen Geheimdienst an, ihn auch bei der Bekämpfung der Anti-Apartheitsbewegung ANC zu unterstützen. Die Original-Aussagen der südafrikanischen Zeugen sind in irgendeinem Archiv verschlossen, aber Kevin Dowling kann sich auf seine Abschriften stützen, die er damals von den Interviews gemacht hat: »*Die KAS-Söldner trainierten im Krüger-Nationalpark paramilitärische Einheiten, zum Beispiel die Koevoet Squad aus Namibia. Die wurden dann als Teil der so genannten ›Dritten Kraft‹ gegen den ANC eingesetzt. Dieses offiziell nicht existierende Todeskommando hat in Südafrika etwa 6000 Regimegegner ermordet.*«

Unklar bleibt, ob die WWF-Spitze auch von diesen Kriegsverbrechen wusste, die unter dem Deckmantel des Naturschutzes von der Spezialeinheit KAS begangen wurden. Dowling kann es nur vermuten: »*Schließlich waren hochrangige WWF-Funktionäre in der Leitung des Krüger-Nationalparks. Im Park wurden die Sondereinheiten trainiert, und es gab dort auch ein Geheimgefängnis für Apartheidgegner.*« Ein schwerwiegender Vorwurf, zu dem ich John Hanks befragen möchte. Er ist immer noch einer der führenden Naturschützer in Südafrika. Er sei zu einem Interview über die Geschichte des WWF in Südafrika bereit, schreibt er zurück. Das Interview wird vereinbart. Aber dann lässt er es platzen, er habe »*gehört*«, dass ich ihn auch über die *Operation Lock* befragen wolle. In der schriftlichen Absage heißt es: »*Ich bin nicht be-*

reit, über die Operation Lock zu sprechen, bitte streichen Sie das Interview von ihrem Plan.«

Die Akteure der KAS-Kampftruppe rekrutierten sich nach Dowlings Recherchen nicht nur aus Veteranen der britischen Eliteeinheit SAS. Von Zeit zu Zeit tauchten auch aktive Offiziere aus London auf. So lud die *Operation Lock* eine Spezialistin der britischen Armee für biologische und chemische Kriegsführung zu einem Arbeitsbesuch nach Südafrika ein. Colonel Ian Crooke hatte nämlich eine pfiffige Idee: Er wollte die Hörner der Rhinozerosse mit Gift imprägnieren. Die Schmuggler des Horns, aber auch die Endverbraucher in Asien würden daran sterben. Dieser Giftkrieg sollte Angst und Schrecken verbreiten und den Schmuggel zum Erliegen bringen. Soweit bekannt ist, wurde diese hinterhältige Kriegslist nicht bis zur Praxisreife entwickelt.

Kevin Dowling stieß bei seiner Recherche auf immer neue grauenhafte Details der Operation Lock, kam aber nicht auf die Idee, dass er selbst langsam, aber sicher zu einem politischen Problem wurde. Er habe sich sicher gefühlt, weil ihm niemand unterstellen konnte, je ein *»Linker oder Radikaler gewesen zu sein«*. Während des Rohschnittes kam das Aus für den Film: *»Der Adjutant von Prinz Philipp machte dem Direktor des Kanals in mehreren Telefonaten klar, dass dieser Film der Nationalen Sicherheit schaden könnte. Das war es dann.«*

Der WWF hat die *Operation Lock* jahrelang vertuscht und kleingeredet. Erst im Jahr 2011 gestatte die WWF-Führung dem Schweizer Historiker **Alexis Schwarzenbach** Zugang zu den Archiven. Schwarzenbach ist Autor der offiziellen WWF-Biografie, die zum 50. Geburtstag der Organisation erschienen ist. Im Kapitel »Operation Lock« räumt er nach

Sichtung der internen Briefe und Dokumente ein, dass nicht nur südafrikanische WWF-Funktionäre und Prinz Bernhard in das verdeckte Vorgehen involviert waren, sondern auch der WWF International. Anfang 1989 sei auch Präsident Prinz Philip als WWF-Präsident informiert worden.

Lob gebührt dem Historiker Schwarzenbach auch deswegen, weil er in einem weiteren Punkt die jahrelange Praxis des Leugnens und Verdrängens aufgibt. Er räumt ein, dass es bei der *Operation Lock* wohl um mehr als um die Jagd auf Wilddiebe ging. Ian Crooke, der Kommandeur der WWF-Spezialeinheit, habe mit der südafrikanischen Armee bei ihrem Kampf gegen die Befreiungsbewegung kooperiert: »*Er bot den südafrikanischen Streitkräften zudem Hilfe bei ihrem Kampf gegen den ANC und andere Gegner des Apartheid-Regimes an.*«[25]

Für Kevin Dowling kommt die Selbstkritik des WWF zu spät. Seine brisanten Interviews verschwanden im Giftschrank von *Channel 4*, möglicherweise auch an einem anderen Ort. Es wäre gut, wenn der Sender das Material jetzt endlich freigeben würde. Denn trotz der stückweisen Teilgeständnisse des WWF sind viele Dinge noch ungeklärt. Offen bleibt die Frage, wie tief der WWF und die von ihm beauftragte Spezialeinheit KAS tatsächlich in den brutalen Krieg des südafrikanischen Regimes gegen den ANC, aber auch gegen seine Nachbarländer involviert war und ob und ggf. wie viele Menschen als Folge dieses WWF-Abenteuers getötet wurden. Die tiefe Verwicklung in das Terrorregime Südafrikas bleibt auf alle Fälle ein schweres Erbe für die Afrika-Politik des WWF. Als Kevin Dowling sein Wissen den großen britischen Zeitungen in der *Fleet Street* anbot, stieß er auf taube Ohren. Niemand hatte mehr Lust, die brisante Geschichte zu veröffentlichen. Und

Kevin Dowling hatte nicht die Kraft, sich von ihr zu lösen. *»Er war von der Story besessen«*, erinnert sich sein Freund René Zwaap – *»am Ende hat sie ihn umgebracht.«*

Deckmantel Naturschutz

Nicht wenige WWF-Mitarbeiter räumen heute selbstkritisch ein, *»früher«* habe es in Afrika Probleme gegeben, aber der WWF habe aus seinen Fehlern gelernt. Interne Kritik an der *Operation Lock* gab es schon im Jahr 2000. Der neue Generaldirektor **Claude Martin** bezeichnete das Abenteuer als Ausdruck einer *»imperialistischen Haltung«* und sorgte dafür, dass der WWF in den Ländern Asiens, Afrikas und Lateinamerikas eigene Büros gründete, um seinen neokolonialistischen Stallgeruch loszuwerden. Und der WWF-Chef Namibias, Chris Weaver, ersann das System der *Conservancies*: Ganze Dorfgemeinschaften sollten in die Naturschutzarbeit integriert und an den Einnahmen aus dem Ökotourismus beteiligt werden.

Der WWF selbst ist stolz auf solch zaghafte Reformversuche, aber haben diese dazu geführt, dass er sein kolonialistisches Erbe wirklich überwunden hat? Einige Tage nachdem unser Film *Der Pakt mit dem Panda* im Juni 2011 von der ARD ausgestrahlt wurde, fand ich eine E-Mail in meiner Post. Sie enthielt im Anhang einen Bericht an die Vereinten Nationen, genauer gesagt an die Expertengruppe für die *Rechte der Indigenen Völker*. Thema war das Schicksal des Pygmäen-Volkes *Batwa*, das im Jahr 1991 aus den ugandischen Nationalparks im Süden des Landes vertrieben wurde.

Der UN-Berichterstatter führt in seinem Report vom Juli 2011 aus: »*Wie auch in anderen Fällen, in denen neue Nationalparks unter der Beteiligung des WWF errichtet wurden, ist die indigene Bevölkerung, die seit Hunderten oder Tausenden von Jahren in nachhaltiger Weise gelebt hatte, aus ihren Wäldern vertrieben worden. Ihre Wälder sind in die Hände ausländischer Investoren übergegangen. Der Tourismus hat sich zu einem großen Geschäft für die Investoren entwickelt, ebenso wie die Einnahmen aus den Jagdgebühren. Je nach Wildart kostet das Töten eines einzigen Tieres einige tausend oder sogar einige zehntausend Dollar. Unter dem Deckmantel des Naturschutzes wollen die Investoren ›ihren‹ Wald für sich alleine haben, ohne Pygmäen.*«[26]

In Berlin treffe ich den Mann, der den brisanten Bericht geschrieben hat: **Dr. Arnold Groh.** Er leitet an der Technischen Universität Berlin die Forschungseinrichtung *Strukturelle Analyse kultureller Systeme.* Dr. Groh ist ein schlanker, elegant gekleideter Mann mit zarten Händen und sensiblen Gesichtszügen. In seinem kargen Büro hängt ein riesiges Foto, auf dem er, nur mit Shorts bekleidet, zwischen den Stammesangehörigen der *Batwa* zu sehen ist: »*Wenn wir sie besuchen, passen wir uns auch mit der Kleidung an – das ist eine Frage des Respekts. Denn alles, was wir aus unserer Industriekultur mitbringen, verändert die Normen und sendet eine visuelle Botschaft aus: Sieh mal, ich trage einen Tropenanzug, also bin ich etwas Besseres.*« Der vom WWF angekurbelte Ökotourismus sei unsensibel, er breche wie eine »*Invasion*« in die Pygmäen-Dörfer ein und zerstöre die kulturelle Identität der Stämme.

Der WWF, so Dr. Groh, habe ein »*grundsätzliches*« Problem mit Naturvölkern: »*Institutionen wie der WWF sind für*

Dr. Arnold Groh bei den Baygeli, Uganda

die Auslöschung indigener Kulturen zumindest mitverantwort-
lich, denn sehr häufig wird ihr Untergang mit einer Zwangs-
umsiedlung aus ›Naturschutzgründen‹ eingeleitet. Ohne ihren
Wald, in dem sie seit Jahrtausenden leben, sind sie den Angrif-
fen anderer Ethnien ausgesetzt, von denen sie verachtet werden.
Ich habe das Schicksal der Batwa aus nächster Nähe beobachtet.
Nachdem sie ihren Wald verloren haben, sind die Angehörigen
des Stammes in eine tiefe Depression verfallen. Schon nachmit-
tags betrinken sie sich oder nehmen Drogen – die Verzweiflung
war in allen Dörfern zu spüren, die ich besucht habe.«

Um eine Hungersnot zu verhindern, hat die ugandische
Regierung den Batwa schließlich erlaubt, dass sie am Rand
ihres ehemaligen Waldes wieder jagen dürfen. Bis zu zwei
Kilometer dürfen sie hinein, weiter nicht. Die Kernzone des
Regenwaldes ist den Berggorillas und den Touristen vorbe-
halten. Der WWF hat Studien erarbeitet, wonach die Batwa
zu Bauern umgeschult werden könnten. Die Idee ist realitätsfremd, denn für die Batwa gibt es kein Ackerland.

Um zu überleben, müssen sie auf den Farmen der *Bantu* arbeiten, einer in Uganda herrschenden Ethnie. Viele Bantu sehen in den Batwa Menschen zweiter Klasse und zahlen ihnen
Hungerlöhne. Einige Batwa-Frauen prostituieren sich, um an
Nahrung zu kommen; nach der Erfahrung von Dr. Groh werden die meisten Frauen von Bantus einfach vergewaltigt: »*Ich*
schätze, dass ungefähr 80 Prozent der Batwa-Frauen vergewal-
tigt worden sind. Das Ergebnis sieht man in den Dörfern: Viele
der Jugendlichen sind zwei Köpfe größer als ihre Mütter: Misch-
linge, die nicht mehr wissen, wohin sie gehören. So wird dieses
Volk auch genetisch bald ausgerottet sein.«

Der WWF zeichnet auf seinen Webseiten ein idyllischeres

Bild von der Lage der *Batwa*. In schönster Kolonialprosa heißt es: »*Als 1991 der Bwindi-Nationalpark eingerichtet wurde, um die gefährdeten Berggorillas zu schützen, haben Mitglieder der Gemeinde Mukona Parish aus Protest noch zehn Quadratkilometer Wald in Brand gesetzt. Die gleichen Dorfbewohner haben 1998 ohne jede Belohnung einen 5-stündigen Marsch auf sich genommen, um ein Feuer tief im Wald zu löschen.*«[27]

Die bösen Wilden sind dank des erzieherischen Einflusses des WWF zu braven Wilden geworden – lautet so die Botschaft zwischen den Zeilen? Verschwiegen wird dem Leser, dass die Pygmäen den Wald im Jahr 1991 nur deshalb anzündeten, weil sie mit militärischer Gewalt aus ihren Hütten geholt wurden. Nach der Geschichtsklitterung folgt im WWF-Text ein dickes Eigenlob: Der WWF habe bei einer Feldstudie herausgefunden, dass die Pygmäen von der Umwandlung ihres Landes in einen menschenfreien Nationalpark »*profitiert*« hätten, sie »*konnten ihre Einkommensquellen diversifizieren*«; vor allem im Tourismus gebe es für sie viele neue Chancen: »*Sie profitieren von Jobs, die im Bereich Park und Tourismus entstanden sind ... Trainingsprogramme und andere Maßnahmen haben dazu geführt, dass die Mitglieder der Gemeinschaften ihre organisatorischen und geschäftlichen Fähigkeiten verbessert haben.*«[28]

Für den UN-Experten Arnold Groh ist diese Zustandsbeschreibung eine »*Heuchelei, um die schweren Menschenrechtsverletzungen im Nachhinein zu rechtfertigen*«. Nach der Vertreibung der Batwa und anderer Naturvölker hätten europäische oder amerikanische Unternehmen die Lizenz zur Vermarktung der ugandischen Nationalparks erhalten. Am meisten Profit bringt das Geschäft mit dem Tourismus. Die

Veranstalter scheinen nach Meinung von Dr. Groh in den Batwa »*keine Menschen, sondern Gegenstände*« zu sehen, die zusätzlichen Gewinn versprechen: »*Die Touristen werden in ihren Tropenanzügen in die Dörfer der Batwa gekarrt, um nackte Wilde anzuglotzen, die in einer von der Europäischen Union finanzierten Halle für sie tanzen müssen. Das ist ein ethnologischer Zoo, der für die betroffenen Ethnien zutiefst degradierend ist.*«

Wenn WWF-Funktionäre mit den Pygmäen zu tun hatten, kämen sie oft als »*Herrenmenschen*«, die für sich in Anspruch nehmen, den »*Fortschritt*« zu bringen: Kleidung, fließend Wasser oder Häuser aus Beton. »*Der WWF operiert dabei nach dem Weltbank-Motto: Wir helfen den Ärmsten der Armen. In Wahrheit löscht diese Strategie die indigenen Kulturen aus. Ich habe mich oft gefragt: Warum bemühen wir uns so krampfhaft, jede Erinnerung an unser natürliches Leben möglichst gründlich auszulöschen? Naturvölker brauchen die Güter der Industriekultur nicht, sie brauchen auch kein Geld und keine Marktbeziehungen. All diese Dinge aus unserer Dominanzkultur zerstören das kulturelle Selbstbewusstsein der Stämme.*«

Einmal im Jahr dürfen einige von den Behörden auserwählte Batwa unter Aufsicht für einen Tag in ihren Wald zurück, um Heilpflanzen zu sammeln. Das ist jedes Jahr der einzige Glückstag für die Batwa. Vom WWF können sie keine Hilfe erwarten – er profitiert selbst und direkt von ihrer Vertreibung. So veranstaltet der WWF USA Reisen in die ugandischen Nationalparks unter dem Motto *Große Afrikanische Primaten-Expedition*. Das *Gorilla-Trecking* ist der Höhepunkt der Tour zum Preis von 11.000 Dollar, darin sind die Flugkosten nach Uganda noch nicht einmal inbegriffen. Der WWF rührt für seine Tour auf dem garantiert Batwa-freien Dschungelpfad die Werbetrommel: »*Keine andere Begegnung in der Wildnis kann den Thrill eines Treffens mit diesen wunderbaren Tieren übertreffen, die uns so sehr ähneln.*«

Für Arnold Groh liegen die Dinge klar auf der Hand: »*Es geht nicht um den Schutz der Tiere, sondern um das Geschäft mit ihnen. Wollte der WWF wirklich die Natur schützen, müsste er dafür sorgen, dass die Batwa wieder in ihre Wälder zurückkönnen. Sie haben das Gleichgewicht der Arten seit Tausenden von Jahren gesichert.*«

Die Batwa haben den Gorillabestand nie bedroht. Auch nicht den Bestand an Elefanten und anderen Tieren, die im Regenwald Ugandas zu Hause sind: »*Sie haben dem Wald und dem Wildbestand nur entnommen, was sie zum Leben brauchten. Seit sie vertrieben wurden, treiben Großwildjäger in den Nationalparks ihr Unwesen, um den Bestand zu ›regulieren‹. Das ist ein sehr lukratives Geschäft für die Jagdindustrie, aber auch für die Regierung. Sie verdient mit Abschusslizenzen für Elefanten viel Geld.*«

Im Katalog eines europäischen Jagdveranstalters entdecke ich tatsächlich ein Angebot: Die Gebühr für den Abschuss eines ugandischen Elefanten beträgt 36.000 Euro – für diesen Preis darf der Schütze das Elfenbein seiner »Beute« sogar mit nach Hause nehmen.

Die Rückkehr der weißen Jäger

Als ich nach dem Gespräch mit Dr. Arnold Groh am S-Bahnhof Tiergarten vorbeigehe, fällt mir ein riesiges WWF-

Poster ins Auge: Eine Elefantenkuh stellt eines ihrer Vorder-
beine schützend vor ihr Junges. Darüber der Schriftzug: »*Zum
Leben geboren. 5 Euro geben ihm Lebensraum in Afrika.*« Im
Kleingedruckten erfährt der Spender, dass sein Geld für den
neuen transnationalen Naturpark *Kavango-Zambezi*, kurz
KAZA, verwendet werden soll.

KAZA, das sind 36 Nationalparks und Reservate in Zim-
babwe, Angola, Botswana, Sambia und Namibia, die miteinander vernetzt werden sollen. Der WWF investiert jährlich
zwei Millionen Euro in dieses Großprojekt, mit dem laut
WWF-Website die Elefanten Afrikas gerettet werden sollen:
»*Für sie ist es eng geworden ... Unterstützen Sie die Rettungsak-
tivitäten des WWF. Sie sind die einzige Chance für die Elefanten
zu überleben.*« In einem Werbevideo bewirbt der WWF den
KAZA-Park auch als Mittel der »*Armutsbekämpfung*«, denn
die Einwohner würden an den Einnahmen aus der »*nachhaltigen Nutzung von Tieren und Pflanzen*« beteiligt.

Die WWF-Propaganda verschweigt dem Spender wohlweislich, was mit »*Nutzung von Tieren*« auch gemeint sein
könnte. Ich recherchiere auf der Website des KAZA-Parks, auf
der sich die rührselige Elefantenstory schon anders anhört.
Danach gibt es nämlich nicht zu wenige und daher schüt-
zenswerte Elefanten, sondern zu viele. Das Hauptproblem
der beteiligten Staaten ist, wie sie die Zahl der Elefanten reduzieren können, denn im Gebiet des transnationalen Parks
leben 250.000 Elefanten, doppelt so viele, wie gewünscht. Sie
bedrohen die Vegetation und zerstören auf der Suche nach
Nahrung die Felder der Bauern.

In nahezu allen am KAZA-Projekt beteiligten Staaten ist
deswegen geplant, die Elefantenjagd als Wirtschaftszweig zu-

zulassen. Auf der Website des Parks ist davon die Rede, dass Elefanten eine »*Tierart von hoher wirtschaftlicher und ökologischer Bedeutung für die Region*« und ein »*Wirtschaftsgut*« seien. Die Elefanten als größter Reichtum des KAZA-Parks könnten Investoren anlocken: »*Die Wiederzulassung eines legalen Handels mit Produkten, die aus nachhaltigen Elefantenbeständen oder Beständen anderer Tiere stammen, könnte ein wichtiger Grund für Investitionen in dieses Projekt sein.*«[29]

So viel profanen Geschäftssinn mag der WWF seinen Spendern nicht zumuten. Deshalb umgarnt er sie mit der Mär von den afrikanischen Elefanten, die ohne den WWF vom Aussterben bedroht seien. In Wahrheit sind seine Partner dabei, im Süden von Afrika ein profitables Geschäft mit der Großwildjagd auf Elefanten einzurichten. Das kann dem WWF doch nicht verborgen geblieben sein. Um die Elefantenjäger anzulocken, bietet *Botswana* Safaris zum Sonderpreis: 9.750 Euro statt 35.000 pro Elefant.

Ähnliche Angebote gibt es auch für die Elefantenjagd im *Hwange*-Nationalpark Zimbabwes, der ebenfalls Teil des grenzüberschreitenden KAZA-Schutzgebietes ist. Ich will die Jagd auf Elefanten gar nicht moralisch verurteilen, vielleicht ist das massenhafte Töten der Tiere aus ökologischer Sicht sogar sinnvoll. Unmoralisch finde ich hingegen, dass der WWF systematisch und vorsätzlich die Tierliebe seiner Spender missbraucht.

Im Gebiet des vom WWF mitkonzipierten und finanzierten *Kavango-Zambezi-Parks* ist die Jagdsaison eröffnet. Es darf geschossen werden: auf Löwen, Elefanten, Leoparden, Giraffen, Büffel, Krokodile und Nashörner. Jagdunternehmen aus Großbritannien haben sogar Leopardentreibjagden mit Hunden im Angebot. Das Wild Afrikas, sein größter Reichtum, gehört wieder den weißen Großwildjägern und den westlichen Jagdreiseunternehmen. Es ist fast so schön wie früher.

Angebot für eine Jagd auf Elefant und Leopard und Büffel:

ıit Jagdführung 1:1, (Berufsjäger, Fährtenleser, Allradwagen), Unterkunft im Jagdcamp, täglicher Wäschedienst, Rohpräparation der Trophäen,	**US$**	**39.150,00**
ühr für einen Elefanten(30-53,99lbs)	US$	15.400,00
ühr für einen Elefantenl(54-63,99lbs)	US$	18.700,00
ühr für einen Elefantenl(ab 64lbs)	US$	27.500,00
ühr für einen Leoparden	US$	5.445,00

Katalog für Jagdreisen nach Afrika, 2011

6. SCHÖNER STERBEN MIT DEM WWF

Der WWF versteht sich auf die Kunst des Gelderwerbs. Auf YouTube wirbt er um Spenden für die Orang-Utans, unsere »*Brüder des Waldes*«. Unter den Klängen einer pathetischen Filmmusik flüchtet ein Orang-Utan vor den Kettensägen, die den Regenwald Borneos niedermachen. Er blickt den Zuschauer mit großen, traurigen Augen an. Dazu tönt aus dem Off eine Stimme in apokalyptischem Tonfall: »*Seine Heimat ist unser Klima. Rette beides. Schon eine SMS hilft. Sende ›Borneo‹ an 81190. WWF – for a living planet.*«

Da drückt man gerne die Taste und erleichtert sein Gewissen in Sekundenschnelle – mit nur fünf Euro. Die Masche funktioniert, und niemand kommt auf die Idee, die Spende könnte woanders landen als beim Orang-Utan. Was aber unternimmt der WWF wirklich, um die Menschenaffen zu retten? Rechenschaftsberichte und Leistungsbilanzen mit belastbaren Zahlen sucht man auf der Website des WWF vergeblich. Transparenz ist nicht seine Stärke. Keiner weiß genau, wo die Spendengelder von insgesamt über 500 Millionen Euro im Jahr am Ende bleiben.

Nur 8 Prozent der Spendengelder – so behauptet der WWF – würden als Verwaltungskosten abgezogen, alles andere fließe in Projekte vor Ort und in die Bildungsarbeit. Bei dieser Rechnung zählt der WWF allerdings die Gehälter seiner hauptamtlichen Mitarbeiter nicht mit, sie werden in die Projektausgaben hineingerechnet – und somit versteckt. In Wahrheit, so die amerikanische Autorin Christine MacDonald, verschlingen die Personalkosten beim WWF knapp

50 Prozent der Einnahmen.[30] Der WWF muss weltweit fast 5000 Hauptamtliche durchfüttern – und in den Spitzenetagen fallen die Gehälter üppig aus. Allein der Geschäftsführer des WWF USA verdient im Jahr 505.000 Dollar.

Borneo brennt

Wir fliegen zur Spurensuche nach *Borneo*, genauer gesagt nach *Kalimantan,* wie der indonesische Teil der Insel heißt. Schon bei der Landung auf dem Flughafen von *Palangkaraya* bekomme ich eine Vorstellung von der Macht des WWF in Indonesien. Riesige Poster im Flughafengebäude machen Werbung für das von ihm betreute Naturschutzgebiet *Sebangau*. Statt eines Souvenirshops findet sich in der Eingangshalle des Flughafens ein WWF-Shop, in dem man viele bunte Broschüren findet, die von den Wohltaten der Organisation bei der Wiederaufforstung oder im Kampf gegen Wilddiebe erzählen.

Draußen erwartet uns **Nordin**. Er leitet die Menschenrechtsorganisation *Save Our Borneo* und ist Mitglied im Verwaltungsrat der indonesischen Sektion von *Friends of the Earth*. In Zentral-Kalimantan kennt er jeden Baumstamm. Sei-

Nordin (Friends of the Earth), 2012

nen Beruf gibt der kräftige und gedrungene, stets etwas mürrische Mann mit »*Aktivist*« an. Nordin kämpft gegen mächtige Gegner, die die Wälder seiner Heimat roden, um Palmölplantagen anzulegen.

Mit Nordin und seinem Kollegen Udin machen wir uns im Jeep auf den Weg in das Reich der Orang-Utans. Gegen Mittag steigt das Thermometer auf über 40 Grad Celsius. Die Feuchtigkeit legt sich wie ein schmutziger Film auf die Haut. Draußen ist alles üppig grün: gerupfte Wälder, dazwischen Felder von Waldbauern, dann wieder Trümmerlandschaften, in denen ein paar Rümpfe geköpfter Urwaldriesen stehen geblieben sind. Vor 20 Jahren haben Holzkonzerne den Wald plattgewalzt.

Vom ursprünglichen Regenwald Kalimantans sind nur noch 30 Prozent übrig geblieben. Doch in diesem feucht-heißen Klima erholt sich der gerodete Wald relativ schnell. Nach wenigen Jahren ist ein Sekundärwald entstanden, in dem es schon wieder eine überraschend hohe Artenvielfalt gibt. Trotzdem wird der Wald endgültig sterben: Der Staat hat ihn als Konzessionen an die einheimischen und ausländischen Palmölkonzerne vergeben. Die indonesische Zentralregierung setzt auf die Expansion von Palmöl; damit soll das Land reich und mächtig werden.

Neben Staat und Industrie ist der WWF beteiligt. Nur er kann in Europa oder den USA glaubwürdig darlegen, dass die industrielle Plantagenwirtschaft nicht nur gut sein kann für die wirtschaftliche Entwicklung armer Länder wie Indonesien und Malaysia, sondern auch für die Natur. Mit Hilfe des Panda stellen die meisten Unternehmen inzwischen »*nachhaltiges*« Palmöl her, wofür angeblich nur »*degradierte*« Wälder, nicht aber die »*unberührten*« Regenwälder Asiens und Amerikas gerodet würden.

Nordin kann darüber nur bitter lachen: »*Wir haben doch fast keine Primärwälder mehr. Alles, was ihr hier seht, sind Sekundärwälder. In ihnen gibt es Tausende von Pflanzen- und Tierarten, auch die Orang-Utans können in ihnen leben. Allein hier in Zentral-Kalimantan hat eine einzige Firma, der Wilmar-Konzern, eine Konzession für fast 300.000 Hektar erhalten und darf den Wald ganz legal abholzen. Die Hälfte hat er schon geschafft.*« Wir stehen auf einem hölzernen Wachturm und blicken in eine kahle Landschaft: Kein Baum, so weit das Auge reicht. Nur kilometerlange Reihen frisch gepflanzter Ölpalmen. Dazwischen entdecken wir hin und wieder einen übriggebliebenen verkohlten Baumstumpf. Dies war Nordins Heimat: »*Seht euch um hier, wie kann so etwas nachhaltig sein? Der WWF ist mitschuldig an der Vernichtung unserer Wälder.*«

Kein Gesetz, kein lokaler Widerstand, kein internationaler Protest hat den Vormarsch der Palmölkonzerne in Indonesien und Malaysia stoppen können. Die Menschenaffen und andere Tiere verbrennen mit den Wäldern, wenn es ihnen nicht gelingt, vor der Brandrodung zu flüchten. Viele der Wälder wachsen auf Mooren; auch die bis zu 12 Meter dicke Torfschicht verbrennt mit. Indonesien ist dadurch zu einem der größten CO_2-Verschmutzer der Erde geworden. Trotzdem zählt Treibstoff auf Palmölbasis zu den »*klimaschonenden*« Energieformen, denn der Weltklimarat zählt das Treibhausgas, das bei den Brandrodungen entsteht, nicht mit – eine ökologische Bilanzfälschung.

Nordin ist ein Ureinwohner Borneos, ein *Dayak*, und ein schweigsamer Mann. Seine Vorfahren waren Kanniba-

Junge Ölpalmen, dahinter brennender Regenwald auf einer WILMAR-Plantage, Februar 2011

len, was er manchmal ganz nebenbei erwähnt, wenn er keine Lust mehr hat, meine vielen Fragen zu beantworten. Wir fahren durch die Plantagen; die Staubwolken auf den unendlichen, roten Sandwegen verschlucken unseren Jeep. Wie ist es möglich, dass wir in der Moorlandschaft nicht versinken? Nordin hält an und zeigt mir, wie die Wege gebaut wurden: Die gerodeten Urwaldriesen sind wie Bohlen verlegt worden, Sand drauf, fertig. Der Blick aus dem Fenster des Jeeps macht müde: immer nur Ölpalmen. In langen Reihen stehen sie da – wie eine stumme Armee.

Die roten Palmfrüchte werden mit Macheten abgeschlagen und liegen in großen Haufen am Wegesrand. Die Ernte ist eine mühselige Arbeit, aber sie lohnt sich. Denn für das Palmöl werden auf dem Weltmarkt hohe Preise geboten. Palmöl steckt in Tausenden von Supermarktprodukten: in Seifen, Kosmetika, Reinigungsmitteln, Margarine und Süßigkeiten. Aber seit die Europäer Palmöl als »regenerativen« Treibstoff für Fahrzeuge und Kraftwerke entdeckt haben, ist der Druck auf die Wälder Indonesiens noch einmal enorm gewachsen. Die Energieausbeute der kleinen, roten Früchte ist groß, fast zehn Mal so hoch wie bei der konkurrierenden Sojabohne.

Zwischen den Spalieren der Palmen kreucht und fleucht nichts mehr, Pflanzen und Tiere sind von Totalherbiziden, Pestiziden, Fungiziden und Insektiziden vernichtet worden. Ich frage mich angesichts dieser Bilder, wie der WWF diese industrielle Monokultur als »nachhaltig« bezeichnen kann. Nordin weiß es auch nicht.

Konzerne wie *Wilmar International* sind so groß, dass sie alles wegräumen, was sich ihrem Wachstum in den Weg stellt. Das Unternehmen mit Sitz in Singapur hat 90.000 Beschäftigte. Das Haupt-Aktienpaket hält der US-Konzern *Archer Daniels Midland (ADM)*, der weltgrößte Produzent von Soja, Mais, Weizen und Kakao. Niemand vernichtet in Asien mehr Regenwald als *Wilmar;* trotzdem hat der WWF im Jahr 2007 mit dem Konzern einen bis 2009 befristeten honorarfreien Beratervertrag vereinbart – in der Hoffnung, sein Verhalten zu »*bessern*«, wie es die WWF-Mitarbeiterin **Amalia Prameswari** formuliert. Nach ihren Worten will der WWF das Unternehmen dazu bringen, nur noch »*gutes Palmöl*« herzustellen.

Im Märchenwald

Wir haben die junge Frau im Hauptquartier des WWF Indonesien im eleganten Geschäftsviertel Jakartas getroffen, vor der Reise nach Borneo, ins Herz der Palmölindustrie. Amalia Prameswari stellt sich als *Palm Oil Officer* vor, zuständig für die Zusammenarbeit mit den Palmölunternehmen. Besonders glücklich ist sie über das Interview nicht; die Fragen sind ihr zu »*politisch*«. Eigentlich müsste einer der Direktoren Rede und Antwort stehen, aber von denen lässt sich keiner blicken. Amalia bemüht sich redlich, die positiven Seiten des »*Dialoges*« anzupreisen: »*Wir bringen den Wilmar-Konzern dazu, auf seinen Plantagen bessere Management-Praktiken anzuwenden. Unser Ziel ist es, die nachhaltige Produktion zu mainstreamen.*«[31]

Sie ist überzeugt, dass *Wilmar* »*mit Hilfe des WWF gute Fortschritte auf dem Weg zu einer nachhaltigen Palmölproduktion*« mache. Was versteht sie darunter? »*Wilmar hat sich uns gegenüber verpflichtet, die besonders hochwertigen Waldflächen* zu erhalten. *Das ist ein großer Erfolg des WWF.*« Amalia Pramesvari sieht offenbar gewisse Zweifel in unseren Blicken und fordert uns auf: »*Sehen Sie sich das doch selbst an.*«

Das ließen wir uns nicht zweimal sagen und fahren nun mit Nordins Jeep seit Stunden durch die immer gleichen und staubigen Wege, die die Plantagen wie Lineale durchschneiden. Ohne GPS hätten wir längst jede Orientierung verloren. Die Konzession, die *Wilmar* hier im Herzen Borneos erworben hat, erstreckt sich auf einer Länge von über 90 Kilometern und einer Breite von etwa 30 Kilometern – 271.000 Hektar. Fast die Hälfte davon ist schon gerodet und mit Ölpalmen bepflanzt worden. Dank des Einsatzes des WWF, so hat uns Amalia Prameswari mit auf den Weg gegeben, seien 12.000 Hektar vor der Vernichtung gerettet worden, immerhin 9,86 Prozent der bislang bebauten Konzession. Diese Flächen mit besonders hohem Schutzwert heißen *HCV-Areas* (High Conservation Value Areas). Die ursprüngliche Vereinbarung des Unternehmens mit dem WWF im Jahr 2007 war der Erhalt von 17.990 Hektar, das sind 14,76 Prozent. Kaum ein Jahr später hat das Unternehmen mit einem Drittel der versprochenen Schutzflächen kurzen Prozess gemacht. Das räumte Wilmar bei einer gemeinsamen Sitzung mit dem WWF am 10. November 2008 ein.[32] Im Ergebnis dieser Verhandlung erarbeitete das Gutachterbüro *MEC* aus Malaysia eine »überarbeitete« Empfehlung an das Unternehmen. Ich habe mir dieses Gutachten aus dem Jahr 2009 genau angesehen: Die Hälfte dieser HCV-Flächen, die nach Überzeugung des WWF auch nachträglich nicht gerodet wurden, sind Sümpfe mit sehr hohem Wasserstand, die sich für die Anlage von Plantagen weniger eignen. Die Dorfwälder der Waldbauern, die *Wilmar* gar nicht gehören, werden als »*hochwertige Schutzgebiete*« mitgezählt, ebenso die Seen, die Flüsse und die gesetzlich geschützten Flussauen. Auch Kanäle zur Wiedervernässung von Torfmooren gehen in diese Statistik mit ein.[33] Nach den Kriterien des »*Runden Tisches für nachhaltiges Palmöl*« ist es gestattet, all diese Flächen als »*hochwertige Schutzgebiete*« mitzuzählen.

Für Nordin ist das alles Augenwischerei. Viele dieser HCV-Flächen seien nur »*Gestrüpp*« ohne Wert für die Artenvielfalt. Er gibt mir eine Karte, die er aus dem Projektbüro des Unternehmens selbst hat. Sie trägt kein Datum, dürfte aber aus dem Jahr 2008 stammen. Darin weist Wilmar im gesamten Konzessionsgebiet nur drei zusammenhängende Waldflächen als »*Conservation Areas*« aus: 2752 Hektar am Pukun-Fluss, 2205 Hektar am Kapuk-Fluss und 196 Hektar am Seranau Kiri.[34] Zusammen sind das 5153 Hektar. Alle drei Waldgebiete sind Flussauenwälder, die in Indonesien gesetzlich geschützt sind. Nach seiner eigenen Beobachtung im Terrain hält Nordin diese Wilmar-Angaben für realistisch. Eine Satellitenauswertung des WWF sowie die Empfehlungen des Beraterunternehmens MEC weisen dagegen eine geschützte Waldfläche von 13.000 Hektar aus, mehr als das Doppelte. Dieser Streit um die Größe der Restwälder kann endgültig erst dann entschieden werden, wenn Wilmar das *Projekt Zentralkalimantan* abgeschlossen hat. Dann wird sich zeigen, was von den ursprünglichen Empfehlungen des WWF noch übrig bleibt.

Wir fahren durch die neu angelegte Plantage *Rimba Harapan Sakti*, als uns ein Security-Jeep des Unternehmens stoppt. Der Sicherheitsmann will wissen, was wir hier zu suchen haben. Ich frage ihn, wo wir den nächsten Schutzwald des WWF finden können. Seine misstrauische Miene hellt sich auf und mit freundlichem Lächeln weist er uns den Weg nach Norden. Wie eine Fata Morgana taucht wenig später ein vor der Brandrodung geretteter Wald im Dunst eines vorangegangenen Regenschauers vor uns auf – hinter einem Berg aus Setzlingen, Baumaschinen und den aufgetürmten Wurzelballen gerodeter Bäume. Nordin hat ihn vor ein paar Monaten vermessen: Es dürften nicht viel mehr sein als 80 Hektar, also etwa 900 mal 900 Meter. In 20 Minuten könnte man den Wald durchwandern. Er sieht armselig und gerupft aus. So habe ich mir »hochwertigen« Regenwald nicht vorgestellt. Es handelt sich offensichtlich um nachgewachsenen Sekundärwald, nicht wertvoller als die Tausende Hektar Wald, die vor wenigen Monaten rundherum abgeholzt worden sind. Ein kleines Holzschild beseitigt unsere Zweifel: *High Conservation Value Area* steht da. Darunter ein Verbotshinweis: Man darf den Wald nicht betreten, nicht in ihm jagen und auch Ackerbau ist streng untersagt.

WWF-Plakat

Plötzlich entdecken wir in einer Baumkrone einen Orang-Utan. Er sieht abgemagert aus und starrt über das kahle Land. Fast wie sein Artgenosse in dem WWF-Werbespot. Alles, was er sieht, ist eine braune, vertrocknete Wüste. Sein Wäldchen ist ein isoliertes Biotop im Meer der Ölpalmen. Kann er hier überleben? Nordin schüttelt den Kopf: »*Nach unserer Bestandsaufnahme leben hier noch zwei Orang-Utans. Sie haben keine Chance, weil sie in der Falle sitzen. Eine Orang-Utan-Familie braucht nach Ansicht der Forschung etwa 10.000 Hektar, um ausreichend Nahrung zu finden und um sich zu vermehren. In diesem Wald gibt es nicht einmal genug Fruchtbäume für zwei Affen.*«

Auf dem Fahrrad kommen ein paar Plantagenarbeiter vorbei. Sie bleiben stehen und wissen sofort, worum es geht: Europäer interessieren sich immer für Menschenaffen, selten für Menschen. Trotzdem geben sie freundlich Auskunft: Ja, sie kennen die Affen, aber die werden bald verhungern. Aus Not gehen sie in die Plantagen und stehlen Ölfrüchte oder reißen junge Ölpalmen aus. Was dann geschieht, will ich von den Arbeitern wissen. Sie lachen. Einer sagt leise: »*Das Unternehmen schützt sein Eigentum.*« Nordin hakt nach und schließlich spricht der Mann aus, was alle hier wissen: »*Das Unternehmen bezahlt Jäger, um sie abzuschießen. Sie werden sterben – so oder so.*«

Wir wollen wissen, ob der WWF etwas tut, um die beiden Affen im Wald zu schützen. Die Männer sehen uns verständnislos an: »*Von denen haben wir noch nie jemanden hier gesehen.*« Nordin erklärt: »*Der WWF hat in Indonesien keine Orang-Utan-Projekte; er betreibt keine Auffangstationen, in denen die Tiere unterkommen könnten.*«

Die deutsche WWF-Direktorin Martina Fleckenstein bestätigt auf Nachfrage, dass der WWF tatsächlich keine Schutzstationen für Orang-Utans unterhält.[35] Sie legt aber Wert auf die Feststellung, dass er im Nationalpark *Sebangau* und anderswo Waldflächen rehabilitiere und damit indirekt auch für die Orang-Utans neuen Lebensraum schaffe. Das Problem ist nur: Die meisten Orang-Utans leben nicht in den wenigen Nationalparks des Landes, sondern in Sekundärwäldern, die sukzessive verschwinden. Nach Erhebungen des indonesischen Greenomics-Instituts sind sechs von neun Orang-Utan-Habitaten in den neuen *Wilmar*-Plantagen zerstört worden.[36] Werden sie das begehrte Zertifikat des *Runden Tisches für nachhaltiges Palmöl* trotzdem bekommen? Nordin muss lachen: »*Nichts leichter als das – alle bekommen es.*«

Wir fragen die Arbeiter, was sie von ihrem Arbeitgeber *Wilmar* halten. Das fröhliche Gelächter verstummt. Einige blicken ängstlich um sich, einer spricht offen aus, was er wirklich denkt: »*Ich bin Dayak aus der Gegend. Meine Familie hatte Land im Wald, wir lebten von seinen Früchten. Alles wuchs in Hülle und Fülle. Einen großen Teil der Ernte konnten wir auf den Märkten verkaufen. Jetzt ist alles zerstört. Selbst wenn man sämtliche Ölpalmen wieder ausreißen würde, nutzt das nichts. Die Erde ist verseucht, der Boden unfruchtbar. Es würde Jahrzehnte dauern, bis hier wieder etwas wächst.*«

In der Ferne entdecken wir dunkle, braune Rauchwolken. Als wir näherkommen, sehen wir: Der Wald brennt lichterloh. Es ist Wald, der laut WWF und *Wilmar* ebenfalls als »*hochwertiger*« Urwald erhalten bleiben sollte. Der Konzern hält sich offenbar nicht einmal an die bescheidenen Versprechungen, die er dem WWF gegeben hat.

Grüne Wäsche

Der WWF reagiert auf Kritik an seiner engen Beziehung zur Palmölindustrie dünnhäutig. Nicht er habe die Landnutzung festgelegt, sondern der Staat. Wenn die Firmen die Konzession erworben haben, seien die Waldrodungen legal. Außerdem habe Indonesien ein Recht auf »*wirtschaftliche Entwicklung*«. Niemand könne den Vormarsch der industriellen Monokultur aufhalten, man könne aber im Dialog mit den Unternehmen ein besseres Management durchsetzen. Dazu hat der WWF im Jahr 2004 gemeinsam mit dem Nahrungsmittelkonzern *Unilever* alle Produzenten und Händler der Branche an den *Round Table on Sustainable Palm Oil (RSPO)* geladen.

Sitz der Organisation ist Zürich. Inzwischen sind über 500 Firmen zahlende Mitglieder des Runden Tisches: Produzenten, Händler und Financiers. Auf der Liste finden sich die Namen *Bayer, Cargill, DuPont, Henkel, Mitsubishi, Nestlé, Shell, ADM, Ikea, Unilever,* die *Rabo-Bank,* die *HSBC-Bank* und *RWE.* Alle machen mit, denn »*nachhaltige*« Produkte verkaufen sich besser. Und nur wer für sein Öl ein anerkanntes Nachhaltigkeitssiegel vorweisen kann, darf es in Europa auf den Treibstoffmarkt bringen, denn seit Anfang 2011 gilt hier die Verordnung für »*regenerative Energien.*«

Der WWF ist Mitglied der RSPO-Geschäftsführung und hat gemeinsam mit den Unternehmen der Branche einen internationalen Standard entwickelt. Wer ihn erfüllt, bekommt das begehrte Gütesiegel. Für Nordin ist das RSPO-Zertifikat »*unseriös*«. Seine Organisation *Friends of the Earth (Freunde der Erde)* hat den Runden Tisch schon kurze Zeit nach dessen Gründung verlassen, ebenso wie Greenpeace. »*Man kann* doch nicht bei so einem Etikettenschwindel mitmachen«, sagt Nordin. »Es gibt keine nachhaltige Monokultur – weil der Wald sich nicht regenerieren kann. Er wird einfach nur zerstört – bis auf ein paar Reste.«

Nordin hält mir die Grundprinzipien der RSPO vor die Nase. Eine Aufzählung von Selbstverständlichkeiten: Sklavenarbeit ist verboten, Kinderarbeit auch, Pestizide und andere Chemikalien müssen »sachgemäß« aufbewahrt werden. Aber Wälder dürfen weiterhin gerodet werden, sofern es sich nicht um »primäre Regenwälder« handelt. Für die Konzerne ist das kein wirkliches Problem, denn es gibt in Indonesien noch ungefähr 9 Millionen Hektar, die schon vor dem Stichdatum, also vor dem Jahr 2005, gerodet worden sind – prophylaktisch.

Wer diese Flächen jetzt noch einmal rodet und mit Ölpalmen bepflanzt, kann das Nachhaltigkeitszertifikat ohne Probleme erhalten. Aber auch der ursprüngliche Regenwald ist nach Nordins Erfahrung nicht sicher vor den Kettensägen: »Auch Konzerne, die gegen die Standards des Runden Tisches verstoßen und zum Beispiel in anderen Gebieten Primärwald abholzen, bekommen ihr Zertifikat.« Hier herrscht das Recht des Stärkeren. Es gibt keine unabhängige Instanz, die kontrolliert, ob sich die Unternehmen an die Standards halten, sie sind eine freiwillige Selbstverpflichtung der Industrie.

Wir wollen uns eine Plantage ansehen, die gerade zertifiziert wird. Auf dem Weg dorthin erzählt Nordin, er habe einmal unter vier Augen mit dem Nachhaltigkeitsmanager eines Palmölunternehmens gesprochen: »Ich habe ihn gefragt, ob er mir den Unterschied zwischen einer nachhaltigen und einer normalen Plantage zeigen könne. Der hat nur gesagt: Welchen Unterschied?«

Nach etwa 20 Kilometern erreichen wir unser Ziel, die Plantage *Kerry Sawit*. Auch sie gehört zum *Wilmar*-Konzern. Hier stehen ausgewachsene Palmen mit dicken Trauben voller Ölfrüchte. Fünf Jahre müssen die Pflanzen wachsen, bevor sie zum ersten Mal abgeerntet werden können. Verdammt viel Zeit für Unternehmen, die mit dem Öl Geld verdienen wollen. Die Plantage *Kerry Sawit* befindet sich mitten im Zertifizierungsverfahren. Das technische Gutachten wird vom TÜV Rheinland erstellt – ein gutes Geschäft. Eine einzige Zertifizierung kostet ca. 100.000 Euro. Das können sich nur Großunternehmen leisten. Für kleine Produzenten gibt es kaum Chancen auf dem Markt für »*nachhaltiges Palmöl*«.

Kaum aus dem Jeep gesprungen, müssen wir uns die Nase zuhalten. Beißender Gestank von den ungeklärten Abwässern einer Ölmühle empfängt uns. Sie werden über Gräben in den Boden geleitet und verseuchen auch den nahe gelegenen Fluss. Die Plantage wird das grüne Siegel vermutlich trotzdem bekommen. Denn das Auge des Gesetzes ist in Indonesien blind, wenn es sich um einen so mächtigen Partner handelt wie *Wilmar*.

Nordin sitzt irgendwie verloren und traurig an einem giftgrünen Abwassersee und sagt: »*Was denkt sich der WWF dabei? So etwas kann nicht nachhaltig sein. Hier wächst nichts mehr. Es gibt in den Plantagen keine Artenvielfalt. Alles ist tot. Die einzigen Tiere hier sind Ratten. Der WWF wäscht die Umweltsünden der Industrie grün – und nimmt auch noch Geld dafür.*«

Geschäftsmodell WWF

Bei unserer Inspizierung der Plantage entdecken wir einen Kanister mit der Aufschrift *Paraquat*. Was hat dieses Pflanzenschutzmittel hier zu suchen? Es gilt als das gefährlichste Herbizid der Welt und ist in Europa durch einen Beschluss des Europäischen Gerichtshofes verboten worden. Auch im Herstellerland Schweiz ist das in geringsten Mengen tödliche Mittel nicht zugelassen. Tausende von Plantagenarbeitern in aller Welt sind durch das Einatmen der Dämpfe gestorben oder schwer geschädigt worden. Deswegen haben selbst die großen Bananenhersteller *Chiquita* und *Dole* den Einsatz von *Paraquat* auf ihren Plantagen verboten. Aber hier, auf einer »nachhaltigen« Palmölpflanzung ist es erlaubt?

Nach den Standards des *Runden Tisches für nachhaltiges Palmöl* dürfte das Gift auf der Plantage nicht eingesetzt werden, denn dort heißt es: *»Der Einsatz von Herbiziden und Pestiziden darf Menschen und Umwelt nicht gefährden.«* Trotzdem ist *Paraquat* zugelassen, und die Herstellerfirma *Syngenta* aus der Schweiz ist zahlendes Mitglied im Runden Tisch und Partner des WWF. Ein Zufall?

Auf der Diskussionsplattform, die der WWF zum Film *Der Pakt mit dem Panda* eingerichtet hat, stellte ein besorgter Blogger im Juni 2011 die Frage, warum sich der WWF am Runden Tisch nicht für ein Verbot von *Paraquat* einsetze. Die Antwort der WWF-Zentrale spricht für sich selbst: *»Palmölproduzenten, die Mitglieder des RSPO sind, brauchen einen Plan, wie sie den Einsatz von derartigen Mitteln reduzieren bzw. eliminieren können ... Des Weiteren muss man sagen, dass Paraquat nicht das ›Core Business‹ des WWF beim RSPO ist.*

Wir haben uns auf die extrem kritische Frage der Entwaldung konzentriert.« Immer wenn WWF-Funktionäre nicht weiterwissen, flüchten sie sich in Anglizismen. Der Business-Slang versüßt die rigorose Aussage hinter dieser Antwort, die ja im Grunde nichts anderes bedeutet, als dass die Menschenrechte kein »Kerngeschäft« des WWF sind.

Der Waschmittelkonzern *Henkel* ist ebenfalls Mitglied des Runden Tisches. Auch seine Mitgliedsbeiträge haben sich schon bezahlt gemacht. Denn mit dem Label der grünen Palme hat das Unternehmen seine neue Produktlinie *Terra Activ* ins Rennen geschickt, um den Markt der Gutgläubigen zu erobern, die etwas für den Regenwald tun wollen – und dafür gerne ein paar Cent mehr ausgeben. Auf den Packungen der Waschmittelserie finden sie das *Greenpalm*-Siegel und die beruhigende Information: »*Terra Activ vereint Kraft und Natur für strahlende Reinheit auf Basis nachwachsender Rohstoffe. So wäscht man heute. Terra Activ unterstützt den RSPO-zertifizierten und nachhaltigen Anbau von Palmkernöl ...*«

Nicht nur in Indonesien zerstört die Palmölindustrie die letzten großen Regenwaldgebiete, auch in Afrika sowie in Mittel- und Südamerika werden riesige Landflächen angekauft, um das boomende Geschäft mit dem kostbaren Pflanzenöl auszubauen. Je mehr Pflanzensprit im Norden verbraucht wird, desto bessere Klimabilanzen können die europäischen Regierungen präsentieren, zumindest auf dem Papier. Die Kosten dieses Schwindels tragen die Länder des Südens. Für sie bedeutet der Aufschwung des Bioenergiesektors Verlust von Ackerflächen und den Tod der kleinbäuerlichen Kultur. Immer wieder haben mir WWF-Mitarbeiter versichert, dass der WWF nur mitmache, um »*Schlimmeres*« zu verhindern.

Nordin hält diese Argumentation nicht für glaubwürdig: »*Der WWF ist Teil des Ganzen. Ohne ihn würde der Nachhaltigkeitsschwindel des Round Table überhaupt nicht funktionieren. Er verleiht ihm erst Glaubwürdigkeit. Das ist ein übles Spiel.*«

Die PR-Floskeln auf der Website von *Henkel* geben dem indonesischen Umweltschützer Recht. Dort heißt es: »*So unterstützt Henkel gemeinsam mit dem WWF die nachhaltige Produktion von Palm- und Palmkernöl. Dadurch leistet das Unternehmen einen wertvollen Beitrag zum Schutz des Regenwaldes.*« Das liest sich flott und geht runter wie Öl. Der Leser vergisst bei dieser grünen Lyrik leicht, dass der Regenwald, den Henkel angeblich schützt, erst einmal gerodet werden muss, bevor auf seiner Fläche das als »nachhaltig« geadelte Palmöl produziert werden kann.

Auf der Website von Henkel erfährt man auch, dass das Unternehmen den WWF seit 2003 »*in seiner Kampagne für den tropischen Regenwald in Indonesien unterstützt*«. Der WWF belohnt die Unterstützung auf seine Art: Bei dem von ihm organisierten internationalen Wettbewerb für die besten Palmöleinkäufer, dem *Buyers' Scorecard*, erhielt *Henkel* im Jahr 2011 neun von neun möglichen Punkten, Weltspitze. So wäscht eine Hand die andere.

Für Unternehmen wie *Henkel* ist das Bündnis mit dem WWF eine kostengünstige Methode, sich grün zu waschen. Der organisierte Ablasshandel mit Nachhaltigkeitszertifikaten hat fatale Folgen: Er dient dazu, wirkliche Veränderungen im Verhalten des Agrobusiness zu vermeiden. Solange Konsumenten und Politiker in Europa und den USA dem Etikettenschwindel auf den Leim gehen, kann die Industrie ihr destruktives Werk in aller Ruhe fortsetzen.

Eine Nacht in Sembuluh

Von Zeit zu Zeit begegnet uns ein mit roten Ölfrüchten beladener Truck auf dem Weg zur nächsten Ölmühle. Alle paar Kilometer kommen wir an einer Siedlung mit flachen Baracken vorbei, in denen die Plantagenarbeiter wohnen. Am Eingang eines Camps entdecken wir eine hölzerne Schautafel mit den acht »*Prinzipien*« des Rundes Tisches für nachhaltiges Palmöl:

- *Verpflichtung zu Transparenz*
- *Einhaltung existierender Gesetze*
- *Ausrichtung an einer langfristigen wirtschaftlichen und finanziellen Lebensfähigkeit*
- *Anwendung der besten Praktiken durch Pflanzer und Ölmühlen*
- *Verantwortung für die Umwelt, Bewahrung von Natur und Artenvielfalt*
- *Verantwortungsvolle Behandlung von Angestellten, Individuen und lokalen Gemeinschaften*
- *Verantwortungsvolle Anlage neuer Pflanzungen*
- *Ständige Verbesserungen in den Kernbereichen unserer Arbeit*

Nordin findet einige Beschlüsse des Rundes Tisches ganz vernünftig: »*In den Ausführungsbestimmungen des sechsten Prinzips heißt es zum Beispiel, die Landrechte der lokalen Bevölkerung müssen respektiert werden. Das ist gut. Leider funktioniert es in der Realität nicht, weil Indonesien kein richtiger Rechtsstaat ist. Der WWF blendet unsere politische Realität einfach aus und stiehlt sich damit aus der Verantwortung.*« Plötzlich gibt Nordin Gas, weil hinter uns ein Security-Fahrzeug von *Wilmar* auftaucht. Das ganze Gebiet ist Privatland des Konzerns – 100 Kilometer lang und 50 Kilometer breit ist das Reich des Konzerns allein in dieser Region. Für uns verbotenes Land.

Als die Dunkelheit hereinbricht, erreichen wir das Dorf *Sembuluh* am gleichnamigen See. Viele Menschen wohnen in Pfahlhäusern am Ufer. Einige Fischer sind mit ihren Booten draußen, überall hocken Menschen auf den Holzstegen am Ufer, waschen ihre Kleider oder duschen, indem sie sich das Wasser mit Hilfe eines Eimers über den Kopf gießen. Solange, bis der Muezzin ruft. In diesem Dorf sind alle Familien muslimisch.

Bis vor drei Jahren waren die meisten Menschen des Dorfes Bauern und betrieben die traditionellen Waldgärten der Dayaks: Rattan für Möbel und Gummibäume. Der Absatz war gut, denn trotz der Konkurrenz durch synthetischen Kautschuk werden hochwertige Kondome und Kaugummi immer noch aus natürlichem Kautschuk gemacht. Zwischen den Bäumen hatten die Bauern Reis gepflanzt und Fruchtbäume: Durian, Mango und Bananen. Ein Mischwald, in dem sich auch die Tiere zu Hause fühlten, eine nachhaltige Wirtschaft, von der man gut leben konnte.

Die Waldgärten existieren jetzt nur noch in der Erinnerung der Bauern, denn ihr Wald ist von Bulldozern niedergewalzt worden. Wald gehört in Indonesien dem Staat, die Bauern haben meistens nur Nutzungsrechte. Einige können aber auch richtige Besitzurkunden vorweisen. Ihnen musste der Konzern das Land abkaufen. In der Erwartung plötzlichen Reichtums haben viele Einwohner Sembuluhs ihr Land tatsächlich verkauft. Jetzt knattern sie mit ihren frisch erworbenen Motorrollern über die Dorfstraße oder fahren morgens früh mit ihnen zur Arbeit in eine der Plantagen, die das Dorf eingekreist haben.

Hadid, bei dem wir auf dem Dachboden übernachten dürfen, hat nicht verkauft. Als wir beim Abendessen auf dem Boden seiner Küche hocken, erklärt er warum: »*Das Geld ist schnell ausgegeben und der Konzern beschäftigt die Leute nur bis zum Alter von 45 Jahren. Was machen sie danach? Es war dumm zu verkaufen.*« Hadid geht jeden Tag in seinen Waldgarten. Einige Bauern, die ihr Land verkauft und das Geld schon auf den Kopf gehauen haben, arbeiten jetzt für ihn. Seine Frau führt den Eisenwarenladen des Dorfes. Er ist ein wohlhabender und angesehener Mann; man hört auf ihn.

Heute Abend füllt sich seine Hütte mit Bauern. Sie wollen eine Protestaktion besprechen. Rund um den See gibt es inzwischen drei Ölmühlen, deren Abwässer den See verschmutzen. Die Bauern fürchten, dass die Fische sterben werden. Fischfang ist eine ihrer letzten Einkommensquellen und wichtigster Eiweißlieferant für die Leute im Dorf. Nordin folgt der Diskussion und tippt dabei an Hadids Computer die ersten Sätze einer Petition ein. Am nächsten Montag wollen alle in die Provinzhauptstadt reisen und den Gouverneur bitten, den Bau einer neu geplanten Ölmühle in der Nähe des Sees zu stoppen.

Als die Diskussion ihren Höhepunkt erreicht, klingelt Nordins Handy, eine SMS von Unbekannt: »*Wir wissen, dass du in Sembuluh bist. Verschwinde sofort, oder wir beseitigen dich ein für alle Mal. Wir finden dich überall, der Gouverneur und die Polizei sind auf unserer Seite.*« Nordin ist bei den Konzernen unbeliebt; er wiegelt die Bauern auf und verdirbt das Geschäft. Er drückt die SMS achtlos weg. Es war nicht die erste Morddrohung, die er bekommen hat.

Baktaran, ein dürrer Bauer Mitte vierzig, zeigt mir seine Besitzurkunde über ein Grundstück im Wald. Die fünf Hektar gehörten schon seinen Eltern. *»Aber der Konzern hat die Beamten bestochen und ich habe alles verloren.«* Hat er sich das gefallen lassen? Statt einer Antwort macht er uns den Vorschlag, morgen früh mit ihm in seinen Wald zu fahren.

Bei Sonnenaufgang machen wir uns auf den Weg ins Buschland. Baktaran schlägt den Weg mit seiner Machete frei. Unvermittelt sagt er: *»Hier sind wir, das ist mein Garten.«* Aber wir sehen nur Gestrüpp und darin Ölpalmen, an die 1,50 Meter hoch. *»Sie kamen eines Morgens mit Bulldozern und haben meinen Wald zerstört. Genau hier stand ein riesiger Gummibaum – den habe ich von meinem Vater geerbt. Ich bin zur Verwaltung von Wilmar gegangen, um mich zu beschweren. Sie haben mich hinausgeworfen.«* Zwischen den Palmen steht eine provisorische Hütte aus Holz und Palmblättern, eine Demonstration seiner Besitzansprüche: *»Ich komme immer wieder hierher, fast jeden Tag, seit fünf Jahren. Einmal hat der Konzern Militär geschickt, um mich zu vertreiben. Aber ich gebe nicht auf.«*

Baktaran geht nach diesen Worten auf die nächste Ölpalme zu und zerkleinert sie mit ein paar gezielten Hieben seiner Machete. Das ist nach indonesischer Rechtsprechung eine Straftat, ein Vergehen am Eigentum des Konzerns. Andere Bauern, die das Gleiche getan haben wie er, sitzen dafür in Haft; im ganzen Land sind es über 300 Häftlinge.

Wenige Wochen nach unserem Interview mit Baktaran bekomme ich die Nachricht, dass der Bauer nach fünf Jahren

Kampf von einem Gericht Recht bekommen hat. Der *Wilmar*-Konzern hat verloren und muss ihm sein Land zurückgeben – inklusive Ölpalmen. Ein unerwarteter Fall von Rechtsstaatlichkeit.

Palmöl-Krieg

Amalia Prameswari, die für Palmöl zuständige WWF-Funktionärin in Jakarta, wehrt sich gegen den Vorwurf, sie mache mit kriminell handelnden Unternehmen gemeinsame Sache. Zwar verhalte sich selbst ein so moderner Konzern wie *Wilmar* nicht immer korrekt, aber immerhin habe er dem WWF zugesichert, den Regenwald *»nach Möglichkeit«* zu schonen: *»In Indonesien gibt es genug degradiertes Land, damit kann die Produktion von Palmöl verdreifacht werden, ohne dass weitere Wälder zerstört werden müssen.«* Fünf bis sieben Millionen Hektar Land liegen nach ihrer Kenntnis in Indonesien brach. Aber wo sind diese riesigen Ländereien?

Bei unseren Fahrten durch das Land haben wir nicht einen Hektar Land entdeckt, der nicht irgendwie und von irgendwem genutzt wird. Die WWF-Frau tritt einen vorsichtigen Rückzug an: *»Wir kennen das Problem. Oft gehört das Land jemandem und es kommt zu Landkonflikten. Die müssen einvernehmlich geklärt werden. Wir lehnen illegale und einseitige Aktionen ab, bei denen Menschen vertrieben werden. Der Runde Tisch sieht einvernehmliche Lösungen vor.«*

Wir zeigen ihr Filmaufnahmen aus einem Provinzgefängnis in Sumatra: 16 Bauern sind in einer kleinen Zelle eingepfercht, wie Hühner in einem Käfig. Sie kommen aus der

Provinz Jambi und sind angeklagt, Ölfrüchte von dem Land gestohlen zu haben, das ihnen seit Jahrzehnten gehört hat. Die erschöpft aussehenden Männer stehen am Gitter und bitten um Hilfe. Einer sagt: *»Wer soll jetzt meine Kinder ernähren. Helft uns. Wir sind verzweifelt. Sie lassen uns hier nie wieder raus.«*

Bauer aus Sumatra im Gefängnis

Amalia Prameswari schluckt betroffen, als sie die Aussage des Bauern hört. *»Ich persönlich«*, so setzt sie zögernd an, *»habe nicht gewusst, dass so etwas passiert. Wenn Wilmar so etwas zulässt, dann enttäuscht mich das sehr. Andererseits arbeiten wir gut mit dem Konzern zusammen. Woanders betreibt er nachhaltige Plantagen – in anderen Teilen Indonesiens.«* Wilmar ist eben nicht gleich *Wilmar*. Um sich selbst ganz und gar zu beruhigen, fügt sie hinzu: *»Der WWF unterstützt ausschließlich gute Bioenergie.«*

Für die gefangenen Bauern ist das kein wirklicher Trost. Sie gehören dem Stamm der *Suku Anak Dalam* an, dessen Konflikt mit *Wilmar* wenige Monate nach dem Interview im Gefängnis eskaliert und in eine Orgie der Gewalt mündet. Am 15. August 2011 ruft die Firma *Asiatic Persada*, ein Tochterunternehmen von *Wilmar*, Einheiten der paramilitärischen Miliz zu Hilfe, um die rebellischen Bewohner des Dorfes *Sungai Buayan* zu vertreiben. Sie haben sich mitten in der Palmölplantage des Konzerns niedergelassen, weil das Land ihrer Meinung nach ihnen gehört. *Wilmar* hat es ihnen vor 9 Jahren geraubt. 300 Bewaffnete umstellen das Dorf und eröffnen das Feuer auf die Menschen, die in Panik flüchten.

Ida, eine Mutter von vier Kindern, stand am Herd, als die Schüsse fielen: »*Ich kochte gerade Reis. Um meine Kinder zu schützen, warf ich Reis auf die Soldaten. Mehrere Menschen brachen von Kugeln getroffen zusammen und mussten operiert werden. Die Soldaten haben unsere Hütten nach dem Überfall mit schweren Fahrzeugen niedergewalzt. Sie haben alles zerstört, was wir hatten: die Lebensmittelvorräte, die Kleidung. Wir wissen nicht mehr, wovon wir leben sollen.*«

Die kleine, freundliche Frau aus dem Regenwald erzählt mir diese Geschichte an Bord eines kleinen Schiffes, das die Weser bei Brake hochtuckert. Inzwischen sind vier Monate seit dem Überfall auf ihr Dorf vergangen und ihr Stamm hat sie, ihren Mann Bidin und den jüngsten Sohn Agung auf die weite Reise nach Europa geschickt, um den Menschen hier zu erzählen, welchen Preis die Bewohner des Waldes für das Palmöl bezahlen müssen, das in der europäischen Industrie verbraucht wird. Um die Reise der Delegation nach Europa zu verhindern, hat der *Wilmar*-Konzern dem Dorf den Bau von Ersatzhäusern angeboten, außerhalb der Plantage, in einer Arbeitersiedlung. »*Was sollen wir dort, wir wollen keine Almosen, sondern unser Land zurück.*« Bei den Verhandlungen mit *Wilmar* sei nichts herausgekommen, nur »*leere Versprechungen*« – und zwei Säcke Reis. Manager des Konzerns haben sie kurz vor Weihnachten in ihrem Dorf abgestellt. Zwei Säcke für 700 Menschen.

Unser Schiff mit den Gewaltopfern aus Sumatra nähert sich dem Industriehafen von Brake, wo der *Wilmar*-Konzern eine moderne Fettraffinerie betreibt. Sie stößt jeden Tag 2500 Tonnen Fett für Margarine, Kosmetika und Reinigungsmittel aus. Oben am Hauptgebäude erkennt man das Firmenlogo des Weltkonzerns. Ida kann das Schild nicht lesen, denn sie ist Analphabetin. Ihr Mann

Ada, mit Kind und Ehemann Bidin auf der Weser

Bidin buchstabiert den Namen und zittert vor Wut: »*Das ist der gleiche Name wie auf dem Schild vor unserem Dorf – mitten in unserem Wald, auf dem Land unserer Ahnen. Dann steht da noch: ›Dieses Land gehört Wilmar – Betreten verboten.‹*« Er blickt den rauchenden Schornstein der Raffinerie hoch, bevor er seinen Gedanken beendet: »*Und das alles nur, um hier aus unserem Wald Margarine zu machen.*«

Schon auf der Fahrt durch die Wesermarsch hat sich der abgemagerte, zähe und sehr willensstarke Mann Gedanken über die seltsamen Wege der Globalisierung gemacht. Links und rechts der Straße sieht er satte Wiesen und aus den großen, flachen Ställen steigt der Dampf von Kuhmist in die kalte Dezemberluft. »*Warum*«, fragt Bidin mich, »*esst ihr nicht einfach Butter, wenn es hier so viele Kühe gibt? Warum müsst ihr unbedingt Margarine essen, obwohl sie unser Leben zerstört?*«

149

Bidin ist noch nie zuvor aus seinem Wald herausgekommen. Er friert bitterlich, als wir auf der kleinen *Vegebüdel* über die vom Wind gepeitschte Weser fahren. Am meisten quält ihn der Gedanke an die Zukunft seiner Kinder: »*Sie können nicht mehr im Freien spielen, überall fließt die braune Brühe mit Chemikalien durch die Plantage. Wenn die Kinder etwas berühren, werden sie krank oder sterben. Ich kann ihnen nicht mehr zeigen, wie man auf einen Gummibaum klettert oder wie man Rattan-Möbel baut. Unser Wissen, das wir in Jahrhunderten gesammelt haben, geht verloren.*«

Auch die Plantage, die auf Bidins Stammesland errichtet worden ist, soll bald als »*nachhaltig*« zertifiziert werden. Das bringt ihm den Wald nicht zurück. Wird uns die Margarine besser schmecken, nur weil dann »*aus nachhaltiger Produktion*« auf der Packung steht?

7. GRÜNER ABLASSHANDEL

Im luxuriösen Hotel *Intercontinental* in Genf findet die *Welt-Ethanol-Konferenz* statt. Ein paar hundert Manager der boomenden Bioenergie-Branche diskutieren über neue Technologien und Vermarktungsstrategien. Zu diesem Thema haben sie die Biomasse-Verantwortliche des WWF aus Berlin eingeladen, die in ihrem eleganten schwarzen Blazer auch optisch ins Ambiente passt. Bevor sie zum WWF ging, arbeitete sie selbst als Assistentin der Geschäftsführung des deutschen Bioethanol-Verbandes. Ihren Namen darf ich nicht mehr nennen. Das hat sie unter Androhung einer einstweiligen Verfügung erreicht. Die Dame erklimmt das Podium und verteilt Streicheleinheiten: »*Wir sind anders als andere Naturschutzgruppen – wir sind konstruktiv.*« Wer ein vom WWF abgesegnetes Zertifikat für »*nachhaltigen*« Biosprit erwerbe, sei auf der sicheren Seite und könne »*weiterhin glänzende Geschäfte*« machen. Und sie hat noch eine »*gute Nachricht*«: Der WWF sei dafür, weltweit noch mehr Flächen als bislang für die Herstellung von Energie aus Pflanzen »*bereitzustellen*«. Das hört man offenbar gern im Saal und der Applaus ist freundlich.

Wie die WWF-Vertreterin im Interview auf meine Fragen zu diesem Dilemma reagiert, darf nach einem gerichtlichen Vergleich nicht mehr in diesem Schwarzbuch zitiert werden – denn das Interview sei nur für Fernsehzwecke vereinbart worden.

Die philanthropische Bank

Auf der *Canary Wharf* hat sich die *HSBC-Bank* einen Palast aus Glas und Stahl zugelegt, er gilt als die teuerste Immobilie Londons. Die HSBC-Bank heißt mit vollem Namen *Hongkong and Shanghai Banking Corporation*, wurde 1865 gegründet und ist heute die größte Bank Europas. Sie ist das finanzielle Herz der Palmölindustrie und pumpt Milliardenbeträge in deren Blutkreislauf – und 100 Millionen Dollar hat die Bank in ein gemeinsames Klimaschutzprogramm mit dem WWF fließen lassen. Ein Schelm, wer da einen Zusammenhang sieht.

In einem der oberen Stockwerke empfängt mich der Leiter der Abteilung *Nachhaltigkeit*, **Francis Sullivan**. Die Bank hat ihn vom WWF Großbritannien übernommen, wo er bis zum Aufstieg in den HSBC-Tower Direktor für Naturschutz war. Sein Wechsel, so Sullivan mit einem Anflug von Stolz in der Stimme, habe die guten Beziehungen der Bank zum WWF »gefestigt«, denn die Partnerschaft beruhe auf »strategischen Gemeinsamkeiten«. Seine Bank sei inzwischen die »grünste« der Welt: »*Der Wolkenkratzer, in dem Sie sich befinden, ist* CO_2*-neutral.*«

Keine Bank der Welt hat so viele Kredite in die neue Biospritenergie gesteckt, wie die HSBC-Bank. »*Wir glauben an die regenerative Energie*«, betont Sullivan »*und sind bereit, die Verantwortung dafür mitzutragen.*« Das Geschäft mit dem grünen Gold ist voller Risiken: Die Pflanzen müssen fünf Jahre wachsen, bevor sie erstmalig Erträge abwerfen. Die Unternehmen brauchen viel Geld, um diese Zeit zu überbrücken. Das bekommen sie von der HSBC oder von der Weltbank.

Für beide Finanzinstitute ist der WWF ein strategischer Partner. Nur mit seinem guten Ansehen in der zivilen Gesellschaft können sie die umstrittene Biospritindustrie weltweit salonfähig machen.

Francis Sullivan hält diese Hypothese für »*sehr gewagt*«: auch die kritische Anspielung auf die Großspende an den WWF perlt an ihm ab wie Öl an Teflon: »*Die 100 Millionen Dollar sind keine Belohnung für den WWF. Es handelt sich um eine ganz normale, philanthropische Spende. Gemeinsam mit dem WWF und anderen Partnern wollen wir mit dem Geld die großen Flüsse der Erde schützen, zum Beispiel den Yangtse.*« Glaubt Herr Sullivan, dass sich die Politik des WWF von Geldspenden beeinflussen lässt? »*Der WWF ist nicht käuflich, aber fragen Sie ihn selbst, ich kann nicht für ihn sprechen.*«

Was die Palmölindustrie betrifft, so Sullivan, gebe es eine mit dem WWF abgestimmte Strategie: »*Wir machen einen ähnlichen Job wie der WWF, wie er wollen wir, dass Nachhaltigkeit zum vorherrschenden Geschäftsprinzip wird. Wenn Kunden aus der Industrie Kredite haben wollen, raten wir ihnen dringend, die Produktion auf die Standards des Runden Tisches RSPO umzustellen. Wir nehmen unsere Verantwortung sehr ernst. Wer gegen die Regeln verstößt, bekommt von uns keinen Kredit mehr.*«

Ist das schon mal vorgekommen? Dazu möchte Francis Sullivan nichts sagen – das sei Bankgeheimnis. Ob es ihn als ehemaligen Naturschützer nicht quäle, wenn die Palmölindustrie mit dem Geld seiner Bank die Wälder in Indonesien und Malaysia abfackelt, will ich wissen. Francis nickt mit vollem Verständnis für meine spitzfindigen Bedenken: »*Das Zertifizierungssystem ist neu, es ist also noch nicht perfekt, aber aus unserer Sicht ein guter Anfang. Wir arbeiten dran.*« Ich versuche es noch einmal: »*Millionen Hektar Wald sind gerodet und abgebrannt worden, mit einem gewaltigen CO_2-Ausstoß. Ihre Bank hat das finanziert. Lässt Sie das als langjährig aktiven Naturschützer wirklich kalt?*« Francis Sullivan bleibt die britische Gelassenheit selbst, als er zu seiner Antwort ansetzt: »*Das sind rückwärtsgewandte Fragen – lassen Sie uns lieber darüber sprechen, wie wir gemeinsam die Probleme der Gegenwart lösen können.*« Ich gebe es auf. Die Metamorphose eines WWF-Direktors zum Bankmanager ist ohne Zweifel perfekt gelungen.

Aufstand auf Sumatra

Feri Irawan ist von Beruf Landvermesser und sieht mit seinen langen, wehenden Haaren ein bisschen aus wie die indonesische Version von Che Guevara. Für die Verbrechen gegen die Menschlichkeit, die in seiner Heimat Sumatra im Namen der »Nachhaltigkeit« begangen werden, macht er zwei internationale Akteure mitverantwortlich: »*Die HSBC-Bank und der WWF sichern das oft kriminelle Vorgehen der Palmölunternehmen in unserer Heimat international ab. Es ist kein Zufall, dass die Bank dem WWF 100 Millionen Dollar zur Verfügung gestellt hat. Mit Hilfe des WWF ist es der Industrie gelungen, die zerstörerische Monokultur auf den internationalen Märkten als ›nachhaltig‹ zu verkaufen.*«

Feri Irawan gilt als Anführer der rebellischen Bauern in der Provinz Jambi auf Sumatra. Für die Nachhaltigkeits-Rhetorik eines Francis Sullivan hat er nur ein verächtliches Achselzucken übrig: »*Die HSBC-Bank sagt, dass sie den Bauern*

Feri Irawan bei einem Protestmarsch in Jambi

hilft, weil sie ihnen im Rahmen der Programme für Kleinbetriebe (Smallholder) Geld leiht. Das stimmt – aber die Bauern bekommen nur dann einen Kredit, wenn auch sie Ölpalmen auf ihrem Land pflanzen. Damit wird noch mehr Land für Palmöl geopfert.« Feri Irawan zeigt mir ein Foto. Darauf protestieren die Bauern seines Dorfes *Karang Mendapo* vor der Bank *Permata*, einer Tochterbank der HSBC: *»Die Bank will uns das Genick brechen. Sie verlangt von uns eine Kreditrückzahlung von 88 Milliarden Rupiah.«*

Umgerechnet sind das 7,5 Millionen Euro. Die Bauern sollen diesen Kredit ablösen, den nicht sie aufgenommen haben, sondern das Palmölunternehmen *Sinar Mas*. Mit dem Geld hat das Unternehmen eine Plantage mitten auf dem Land der Bauern seines Heimatdorfes *Karang Mendapo* angelegt. Das war im Jahr 2003. Das Unternehmen mit engen persönlichen und politischen Verbindungen zur Regierung hat fest damit gerechnet, dass es das Land behalten kann. Aber die Bauern kapitulierten nicht und besetzten das gestohlene Land; außerdem gingen sie vor Gericht. 2008, nach fünf Jahren Rechtsstreit, wurde das Unternehmen *Sinar Mas* von einem Zivilgericht dazu verurteilt, den Bauern das Land zurückzugeben.

»Der Sieg des Dorfes ist aus Sicht der Industrie gefährlich, denn er könnte überall in Indonesien Schule machen«, meint Feri Irawan, *»deswegen will das Unternehmen an uns ein Exempel statuieren.«* Der neue Bürgermeister *Muhamad Rusdi*, einer der Anführer der Bauernrebellion, wurde von gedungenen Schlägern zusammengeschlagen und musste unter Polizeischutz gestellt werden. Einige Monate später wurde er dann von der gleichen Polizei verhaftet. Sie hatte nach einem *»anonymen Hinweis«* einen Packen Geldscheine in seinem Büro gefunden, angeblich handelte es sich um *»Bestechungsgelder«*. Vor Gericht stellte sich heraus, dass der Bürgermeister vollkommen unschuldig war. Jemand hatte das Geld in seinem Büro deponiert, um ihn zu diskreditieren.

Weil das Unternehmen mit Terror und Einschüchterung nicht weiterkomme, so Feri Irawan, will es die Bauern jetzt mit der Kreditforderung in die Knie zwingen. Die HSBC-Bank vertritt den Rechtsstandpunkt, die Bauern müssten den Kredit zurückzahlen, weil sie ja schließlich dessen Nutznießer geworden seien – wenn auch nicht aus freien Stücken. Feri Irawan sieht keine Lösung des Konfliktes: *»Die Bauern haben vor Gericht kaum eine Chance, aber sie können nicht zahlen, wie sollten sie eine so große Summe auch aufbringen? Der Kredit hängt wie ein Damoklesschwert über dem Dorf.«*

»*Eigentlich bin ich Naturschützer*«, sagt Feri Irawan, so, als müsse er sich von Zeit zu Zeit selbst daran erinnern. Denn zum Einsatz für die gefährdeten Orang-Utans und Tiger seiner Heimat kommt der Mitbegründer von *Friends of the Earth* in Sumatra eigentlich kaum noch. Die »*Palmölmafia*« zwinge ihn zum politischen Widerstand. Nur wenn die Bauern und die Indigenen sich zusammentun und für ihr Recht kämpfen, haben sie seiner Ansicht nach eine Chance.

Holzdiebe mit Lizenz

Feri Irawans Duell mit dem mächtigen *Sinar Mas*-Konzern hat eine lange Vorgeschichte, die vor etwa 20 Jahren begann. Damals war das Unternehmen noch ein reiner Holzkonzern und ließ mitten im geschützten Regenwald Sumatras Urwaldriesen fällen – oftmals illegal und ohne Genehmigung. Feri Irawan rief die Hamburger Filmemacherin **Inge Altemeier** zu Hilfe und gemeinsam verfolgten sie die mit Baumstämmen beladenen Trucks. Bei diesem gefährlichen Unterfangen stellten sie fest, dass die wertvollen Baumstämme in einer neu errichteten Zellulosefabrik landeten.

Inge Altemeier recherchierte und kam zu dem verblüffenden Ergebnis, dass die Papierfabrik einst ein volkseigenes Werk der DDR war: »*Nach der Wende wurde sie stillgelegt, weil sie die Umwelt verpestete. Mit deutschen Entwicklungshilfegeldern ist sie in Sumatra wieder aufgebaut worden. Sinar Mas erhielt dann auch noch Hermes-Bürgschaften aus Deutschland, um Akazienplantagen anzulegen, weil die Fabrik ja mit Holz gefüttert werden muss. Aber so eine Plantage* braucht ein paar Jahre, bevor sie die ersten Baumstämme liefert. Als wir vor Ort recherchierten, holte sich Sinar Mas das fehlende Holz einfach aus dem Urwald. Auf den illegal gerodeten Flächen legte der Konzern dann Akazienplantagen an – und später Palmölplantagen.« Der Konzern lässt sich seine Aktivitäten im Regenwald mit Nachhaltigkeitszertifikaten veredeln. Seine Baumplantagen bekamen das FSC-Siegel für »nachhaltiges Tropenholz« und auch die meisten Palmölplantagen des Konzerns haben sich mit der grünen Palme bestätigen lassen, dass ihr Öl aus »nachhaltiger Produktion« stammt.

Für Feri Irawan fördert der WWF mit seiner »Grünwasch-Politik« die Geschäfte der Industrie. In allen Konflikten habe er sich im Zweifel stets auf die Seite der Unternehmen gestellt, nie auf die Seite der Bauern. Auch die Tatsache, dass bei den Deals zwischen Industrie, Provinzregierung und WWF in seiner Heimat Sumatra zwei Nationalparks herausgesprungen sind, kann ihn nicht mit dem WWF versöhnen: »Die Nationalparks sind Teil einer Landnutzungsplanung, bei der die Regierung und der WWF hinter verschlossenen Türen über die Aufteilung unseres Landes entscheiden: Der größte Teil darf gerodet werden, als Feigenblatt werden ein paar Nationalparks geschaffen. Das Problem dabei ist, dass die Menschen auch dort vertrieben werden. Ich habe es im Nationalpark von Kerinci Seblat miterlebt: Der WWF legte gemeinsam mit der Weltbank die Grenzen des Parks fest. Zehntausende Menschen wurden umgesiedelt. Ich kann bezeugen, dass auch nach der Massenumsiedlung der Bewohner im Nationalpark weiterhin abgeholzt worden ist, selbst die Zahl der Tiger ging weiter zurück. Das Projekt ist *ein kompletter Misserfolg. Am Ende waren die Menschen in der Gegend so wütend, dass sie die Autos der WWF-Funktionäre anzündeten.«*

In Sumatra gibt es viel zu holen. Nach dem großen Geschäft mit Tropenholz und Palmöl haben die Agrarkonzerne ein ganz neues Geschäftsfeld entdeckt, auf dem der WWF sie ebenfalls berät – den Klimahandel. Und das geht so: Konzerne, die Wald roden, aber einige besonders hochwertige Flächen stehen lassen, können jetzt mit Gutschriften für *»vermiedene Kohlenstoff-Emissionen«* belohnt werden – im Rahmen des so genannten REED-Programms des Weltklimarates. Die Verschmutzungsgutschriften können dann an der Klimabörse in Paris gegen Cash verkauft werden.

Es gibt noch eine attraktive und gern genutzte Möglichkeit, an Geld aus dem Klimahandel zu kommen: Wer im Palmölsektor in *»klimaschonende Techniken«* investiert, kann Emissionsgutschriften aus einem anderen UN-Programm erhalten, dem *Clean Development Management Mechanism (CDM).* So bekommt der *Wilmar*-Konzern beispielsweise Emissionszertifikate, weil er für den Betrieb seiner Ölmühlen statt Dieselöl nun Palmöl verbrennt.

Als würde das alles noch nicht reichen, hat sich das Agrobusiness noch eine dritte Möglichkeit ausgedacht, an Geld aus dem Klimahandel zu kommen: Wenn Konzerne wie *Sinar Mas, Wilmar* oder *Cargill* Ölpalmen auf zuvor gerodetem Land und brachliegenden Waldflächen anpflanzen, wollen sie sich das als *»Wiederaufforstungsmaßnahme«* anerkennen lassen und dafür eine Belohnung in Form von Emissionsgutschriften kassieren.

Diese skurrile und dreiste Idee hat es 2010 bis in eine Gesetzesvorlage der Europäischen Kommission geschafft. Das ging dem WWF zu weit und er schloss sich dem Protest der Naturschutzverbände an.

Die EU-Kommission zog die brisante Vorlage als Folge der Proteste zurück, aber die Wiederaufforstungsidee als solche ist noch immer in der Welt und hat gute Chancen, vom Weltklimarat anerkannt zu werden, denn nach den Kriterien der UN-Organisation für Ernährung und Landwirtschaft (FAO) lässt sich eine Palmölplantage durchaus als »Wald« definieren: Die ausgewachsenen Bäume werden größer als 5 Meter und die Baumkrone überschirmt mindestens 10 Prozent des Bodens. Damit sind alle Kriterien erfüllt. So könnte die Palmölindustrie am Ende für ihren unermüdlichen Einsatz bei der Vernichtung der grünen Lungen der Erde mit Emissionsgutschriften belohnt werden.

Das Wunder zu Köln

Trotz seiner aufwändigen PR-Kampagnen hat der *Runde Tisch für nachhaltiges Palmöl* einen Dämpfer erhalten. Der Terror gegen die Zivilbevölkerung und die Bilder der brennenden Wälder Indonesiens und Malaysias haben Palmöl öffentlich so in Verruf gebracht, dass viele europäische Blockheizkraftwerke kein Palmöl aus Indonesien oder Malaysia mehr verheizen wollen, auch dann nicht, wenn es sich mit der grünen Palme des Runden Tisches schmückt. Unter dem Eindruck der öffentlichen Kritik wurde auch die EU-Kommission vorsichtig und lehnte die Zulassung des *Greenpalm*-Siegels im Herbst 2011 vorläufig ab. Der »*Runde Tisch*« müsse seine

Standards verschärfen, um mit der EU-Richtlinie »Regenerative Energien« kompatibel zu werden.

Ein Rückschlag für den Runden Tisch, aber kein Grund zum Jammern, denn der WWF lässt seine Partner nicht im Stich und hat noch einen Joker in der Tasche: ein nagelneues Nachhaltigkeitssiegel mit dem komplizierten Namen *International Sustainability and Carbon Certification*, kurz *ISCC*. Es ist für alle Biomasse-Produkte anwendbar, aus denen Treibstoff hergestellt werden kann. Sitz des ISCC-Vereins ist Köln am Rhein, und Martina Fleckenstein vom WWF ist die stellvertretende Vorsitzende. Neben ihr sitzen alte Bekannte im Vorstand, zum Beispiel Manager der Agromultis *Cargill* und *ADM*. Die Entwicklungskosten des Siegels sind vom deutschen Landwirtschaftsministerium finanziert worden, und die Europäische Union hat es in verblüffend kurzer Zeit als Nachweis für »regenerative Energien« zugelassen.

Die ISCC-Standards sind mit denen des *Runden Tisches für nachhaltiges* Palmöl nahezu identisch. Neu ist lediglich, dass ein EU-konformes Klimaziel benannt wird: Beim Einsatz des Pflanzenöls als Treibstoff müssen die CO_2-Emissionen vermindert werden. Kaum auf dem Markt, hat die ISCC-GmbH innerhalb weniger Monate schon über 700 Unternehmen der Biokraftstoffbranche mit dem neuen Siegel zertifiziert. Es ist leicht zu haben, vor allem für die Unternehmen, die mit dem WWF am Runden Tisch für nachhaltiges Palmöl zusammenarbeiten.

Martina Fleckenstein ist Abteilungsleiterin für Landwirtschaft und Biomasse beim deutschen WWF und gilt als »*Mutter*« des ISCC-Zertifikates. Sie organisiert Werbetouren nach Indonesien, auf denen sie persönlich zögerliche Unternehmer von den Vorzügen des Gütesiegels überzeugen will: »*ISCC ist ein globales System, das alle Arten von Biomasse abdeckt. Es gilt für den EU-Binnenmarkt genauso wie für Übersee. Für Unternehmen bietet es alle Leistungen aus einer Hand und erleichtert damit den nationalen und internationalen Handel.*«[37]

Das Wort *Natur* kommt ihr dabei nicht mehr über die Lippen. In einem Interview mit der Zeitschrift *Top Agrar* gibt Martina Fleckenstein wertvolle Tipps: Der Erwerb des ISCC-Siegels sei »*kein Problem*«, wenn ein Unternehmen schon die Zertifizierung durch den Runden Tisch (RSPO) in der Tasche hat, »*da entsprechende Vorarbeiten wie Umweltbeurteilungen bereits geleistet wurden.*«[38]

Auf Nachfrage bestätigt die ISCC-Geschäftsführung in Köln, dass in solchen Fällen tatsächlich keine eigene, umfassende Umweltprüfung der Betriebe durchgeführt wird, sodass der Prüfer meistens nur einen Tag braucht, um eine Plantage oder eine Ölmühle zu zertifizieren. Das neue ISCC-Siegel wirbt auch auf seiner Webseite offen mit dem unkomplizierten Zertifizierungssystem: »*Minimierung des Prüfungsumfanges durch die Anwendung von Gruppenzertifizierungen und wo ausreichend durch Dokumentenprüfung.*«[39]

Dr. Jan Henke von der ISCC-GmbH in Köln klärt mich am Telefon auf, was mit diesem kryptischen Satz gemeint ist: »*Wenn eine Ölmühle von 100 Farmern beliefert wird, kann man nicht alle einzeln überprüfen. Deshalb überprüfen wir bei 10 Prozent der Produzenten, 90 Prozent versichern durch Selbsterklärung, dass sie sich an die ISCC-Standards halten.*« Wer aber steht dafür ein, dass die 90 Prozent der Betriebe die Wahrheit sagen? »*Das kann in einer Region zum Beispiel der Aufkäufer sein*«, antwortet Dr. Henke. »*Der ist dann uns* gegenüber verantwortlich, dass seine Lieferanten im Sinne der ISCC-Kriterien produzieren.« Wie kann der Aufkäufer seine Lieferanten überprüfen? Auch das ist nach Meinung von Dr. Jan Henke gut geregelt: »Entweder glaubt er, was die Produzenten ihm sagen, er kann aber auch nachfragen oder sogar selbst vor Ort prüfen.«

So wird der Bock zum Gärtner gemacht. Aufkäufer wie Cargill oder andere globale Händler von Biomasse können mit dieser Methode ihren Lieferanten den grünen Persilschein selbst ausstellen. Dieses System ist schlank, effizient und unbürokratisch. Ein guter Deal für alle, die am Geschäft beteiligt sind, vermutlich auch für den WWF, der hilft und berät, wo er kann.

Kaum war das Nachhaltigkeitszertifikat ISCC in trockenen Tüchern, schlossen Cargill und der WWF im August 2010 einen Vertrag über die Zusammenarbeit im Palmölgeschäft. Cargill ist ein US-amerikanischer Getreide-Gigant mit 138.000 Beschäftigten und rund 4 Milliarden Dollar Jahresgewinn. Er ist unter anderem der größte Palmölhändler der Welt und betreibt auch eigene Plantagen; die meisten Ölfrüchte kauft das Unternehmen jedoch von anderen Produzenten wie Wilmar und Sinar Mas, von Firmen also, die für ihr rücksichtloses Vorgehen gegen die Natur, gegen Waldbauern und indigene Völker bekannt sind.

Auf der Webseite von Cargill finde ich einen Hinweis auf den Partnerschaftsvertrag mit dem WWF. Darin wird die Aufgabe der WWF-Berater so beschrieben: »Sie helfen unseren Zulieferern dabei, mehr nachhaltige Produktionsmethoden zu finden und anzuwenden.« Die Partnerschaft mit dem WWF »soll den Produzenten dabei helfen, die gewachsene Nachfrage *nach zertifiziertem nachhaltigen Palmöl zu befriedigen.«* Als Maßstab gilt dabei ein hausgemacher Begriff von Nachhaltigkeit: *»Die Zusammenarbeit basiert auf der verantwortungsbewussten Palmöl-Produktion, die wir auf unseren eigenen Plantagen praktizieren.«*

Wie *Cargill* auf den eigenen Plantagen tatsächlich produziert, hat eine Expertengruppe des *Rainforest Action Network (RAN)* untersucht. Die in San Francisco beheimatete Organisation hat zwischen Juli 2009 und März 2010 vier Palmölplantagen *Cargills* auf Borneo gründlich unter die Lupe genommen. Das Ergebnis ist ernüchternd: *Cargill* hat illegal große Regenwaldflächen gerodet, Torfmoore zerstört und Einheimische vertrieben. Die Experten dokumentieren, dass *Cargill* sowohl gegen indonesische Gesetze, als auch gegen die von dem Konzern selbst mitverfassten Standards des Runden Tisches für nachhaltiges Palmöl (RSPO) verstößt.[40] Von Nachhaltigkeit keine Spur.

Der Nachhaltigkeitsdiskurs des WWF wurde auf Konferenzen und in den Medien so oft wiedergekäut und perfektioniert, dass er inzwischen Allgemeingut ist – nicht zuletzt wegen der großen Glaubwürdigkeit des Panda. Die Zertifizierungsindustrie hofft, dass eine grundlegende Tatsache in Vergessenheit gerät: Eine industrielle Monokultur, die den Regenwald ersetzt, kann per Definition nicht *»nachhaltig«* sein. Noch kann die große Nachhaltigkeitslüge am Leben erhalten werden, wenn auch nur mit einer gigantischen und teuren PR-Kampagne.

Champion-Kultur

Einer der größten Betreiber von Palmölplantagen ist der malaysische Konzern *Sime Darby.* Er hat der britischen Medienagentur FBC den Auftrag gegeben, seriös wirkende Dokumentarfilme über den Segen der nachhaltigen Palmölindustrie zu produzieren und sich zu diesem Zweck ein paar Meinungsführer »*heranzuzüchten*«, wie es in einem internen Konzept-Papier der Agentur heißt.

FBC Media hat den Auftrag mit Erfolg umgesetzt und nach eigener Aussage »*fünf Champions kultiviert*«, die bereit sind, für den Auftraggeber aus Malaysia aktiv zu werden. Auf einer Präsentation für den Kunden stellte die PR-Agentur die fünf Propagandisten der PR-Kampagne vor: Prof. Jeffrey Sachs, Direktor des Earth Institutes in New York, Dr. Tom Maddox von der Zoologischen Gesellschaft London, Dr. Charles McNeill vom Entwicklungsprogramm der Vereinten Nationen, Prof. Shahid Naeem von der Columbia Universität und Dr. Jason Clay vom WWF.[41]

Mit Hilfe dieser Herrschaften, so heißt es in der Präsentation von *FBC Media*, würden Filme und Artikel produziert, »*die für das Unternehmen Sime Darby eine ›Umweltreputation‹ schaffen sollen*«. Wenigstens verfügt die Agentur über so viel Selbstironie, dass sie das Wort »Umweltreputation« in Klammern gesetzt hat. Wie hoch die Honorare für die »*Champions*« der Kampagne sind, verrät die Agentur nicht. Das Earth Institut von Prof. Sachs hat öffentlich eingeräumt, dass es vom Sime-Darby-Konzern eine Spende von einer halben Million Dollar erhalten hat.

Ich frage beim WWF-»*Champion*« Jason Clay nach, ob

auch er für seinen Einsatz belohnt worden ist. Die Antwort lässt Clay mir über die WWF-Zentrale in der Schweiz ausrichten: Er habe weder vom Palmölkonzern *Sime Darby*, noch von *FBC Media* »irgendeine Entlohnung« erhalten. »*Obwohl er als Zielperson für die Bemühungen der Firma auf der Liste stand, hat er sich in keiner Weise an der in dem erwähnten Bericht beschriebenen Initiative beteiligt.*«

Was der WWF bei dieser Antwort verschweigt, ist die Tatsache, dass er schon länger direkt und regelmäßig Geld von *Sime Darby* erhält – und zwar für Beratungsleistungen auf der Grundlage eines im November 2010 geschlossenen Vertrages. Bei dem Deal handelt es sich nach Angaben des Konzerns um »*ein Abkommen zur Erstellung einer Studie auf ausgewählten Plantagen mit dem Ziel, Empfehlungen zu formulieren, mit denen das nachhaltige Plantagen-Management verbessert werden soll.*«[42]

Die Partnerschaft von WWF und *Sime Darby* gedeiht nicht nur mit Geld; es gibt zwischen den beiden auch persönliche Bande: Die Unternehmerin Carolin Russell ist Mitglied des Aufsichtsrates von *Sime Darby* und gleichzeitig Schatzmeisterin des WWF Malaysias, außerdem ist sie Mitglied im WWF-Stiftungsrat.

FBC-Media hat die auf Seriosität getrimmten PR-Filme über das segensreiche Wirken von *Sime Darby* übrigens gut verkauft, sogar an renommierte öffentlich-rechtliche Sender wie *BBC World*. Die *BBC* hat inzwischen eine interne Ermittlung eingeleitet, um herauszufinden, wie es zu diesem journalistischen Skandal kommen konnte.[43]

Das gebrochene Herz Borneos

Der WWF gerät in der asiatischen Umwelt- und Menschenrechtsbewegung zunehmend unter Beschuss, weil er die Sünden seiner Partner an Mensch und Natur toleriert – und an ihnen indirekt mitverdient. Auch international wachsen die Zweifel am Panda. Selbst Organisationen, die bislang mit dem WWF zusammengearbeitet haben, distanzieren sich. So bezeichnet Greenpeace das Nachhaltigkeitszertifikat für Palmöl öffentlich als »Farce«.[44] Der WWF hält sich mit Selbstkritik zurück und setzt weiterhin auf die subtile Kraft seiner Wohlfühlstorys aus dem Urwald, die er den Spendern in den reichen Industrieländern auftischt.

Das Herz von Borneo heißt eine dieser herzergreifenden Geschichten, ein Prestigeprojekt des WWF. Dank seiner guten Verbindungen zu Politik und Wirtschaft hat der WWF nach eigenen Angaben ein Regenwaldgebiet von der Größe Großbritanniens vor dem Raubbau gerettet. Das Schutzprojekt *Heart of Borneo* ist grenzübergreifend und erstreckt sich über Teile Indonesiens, Bruneis und Malaysias. Die drei Regierungen unterzeichneten auf Initiative des WWF im Februar 2007 eine Absichtserklärung zum Schutz dieses Regenwaldgebietes; die Regierung der Bundesrepublik Deutschland hat auf Wunsch des WWF die Finanzierung übernommen.

Der Haken an der Sache wird sichtbar, wenn man in der Projektbeschreibung nachliest, mit welch ungewöhnlichen Methoden die Beteiligten den Wald erhalten wollen: »*Förderung von Investitionen zur nachhaltigen Nutzung der natürlichen Ressourcen. So ergeben sich als Alternative zum bisherigen Raubbau der Ökotourismus, die nachhaltige Produktion von*

Palmöl und eine nachhaltige Waldwirtschaft.«[45] Nur wenn der Wald wirtschaftlich genutzt werden kann und Gewinn bringt, so die WWF-Logik, kann man ihn schützen; selbst wenn man ihn dafür abhacken muss.

Das Projekt *Herz von Borneo* gaukelt den Spendern im Norden eine tropische Traumwelt vor; die Realität vor Ort ist grausam, wie ein Untersuchungsbericht der internationalen Umwelt- und Menschenrechtsorganisation *Global Witness* aus London nachweist. *Global Witness* hat sich die Praktiken des vom WWF gegründeten *Global Forest and Trade Network* (GFTN) genauer angesehen, in dem 288 Holzunternehmen mit dem WWF zusammenarbeiten. Es ist das größte Holz-bündnis der Erde. Der WWF garantiert, dass seine Partnerfir-men nur Holz liefern, das legal und nachhaltig eingeschlagen wurde. *Global Witness* deckte nun im Juli 2011 auf, dass der größte Holzkonzern Malaysias, die *Ta Ann Holding* systema-tisch Regenwald vernichtet: Tag für Tag fällt der Konzern, der Mitglied im WWF-Netzwerk ist, eine Regenwaldfläche in der Größe von 20 Fußballfeldern und zerstört dabei auch Orang-Utan-Habitate, die innerhalb der Grenzen des Projektes *Heart of Borneo* liegen.[46]

We feed the World

Als einer der wenigen WWF-Führer spricht **Jason Clay** offen über das Bündnis mit der Großindustrie, am liebsten im vertrauten Kreis, zum Beispiel bei den Treffen der *Global Harvest Initiative,* einer Lobbyorganisation der Agrar- und Gentechnikriesen *Cargill, Monsanto, Archer Daniels Midland*

(ADM) und *John Deere,* in der seit kurzem auch der WWF Mitglied ist – vertreten durch Dr. Jason Clay. In den USA ist er Vizepräsident des WWF und im WWF International hat er das globale Steuerungsnetz *Market Transformation* aufgebaut, das die Beziehungen des WWF mit multinationalen Konzernen regelt; außerdem leitet er das WWF-Netzwerk *Aquakultur.*

Jason Clay gilt im WWF International als strategischer Kopf, der die wichtigsten Industriepartnerschaften auf internationaler Ebene persönlich eingefädelt hat. Bei der Sitzung der *Global Harvest Initiative* in Washington im Sommer 2010 spricht Jason Clay Klartext und bietet seinen Partnern aus dem Agrobusiness ein strategisches Bündnis zur Lösung des globalen Ernährungsproblems an: Im Jahr 2050 müssten doppelt so viel Lebensmittel produziert werden wie heute – und zwar auf weniger Ackerflächen.

Diese Leistung können nach Auffassung Clays nur die global operierenden Nahrungsmittelkonzerne und eine industriell betriebene Landwirtschaft erbringen, denn über die Hälfte aller Kleinbauern auf der Erde könnten *»nicht einmal sich selbst ernähren«* – eine Behauptung, die Jason Clay wohl nur schwerlich belegen kann. Auch die Regierungen der Länder seien unfähig, das Ernährungsproblem zu lösen, weil sie zum *»Protektionismus«* neigten: *»Die Ernährung ist zunehmend ein globales Problem. Um möglichst effektiv voranzukommen, müssen wir globale Strategien und Pläne für die Ernährungssicherheit entwickeln, statt für einzelne Länder.«*[47]

Nur wenn die Agrarmultis die ganze Produktions- und Vertriebskette in die Hand nehmen, könnten wertvolle Ressourcen wie Wasser, Land und Energie geschont werden. Und nur die Multis haben nach Clays Auffassung das notwendige

Geld, um neue gentechnische Verfahren zu entwickeln, mit denen die Produktivität der Pflanzen »*verdoppelt oder gar verdreifacht*« werden könnte.

Unbemerkt von der Öffentlichkeit hat sich der WWF von Lösungen verabschiedet, die auf der Förderung kleinbäuerlicher Strukturen beruhen, auf Nahrungsmittelsouveränität der Nationen und auf Autonomie.

Der WWF bietet sich den Großen des Geschäftes mit Nahrungsmitteln und Energie als Dienstleister an. Er besorgt der Branche ein grünes und progressives Image. Der ökologische Ablasshandel im Zeichen des Panda hat seinen Preis: Unternehmen, die den Panda in ihrer Werbung verwenden, bezahlen dafür satte Lizenzgebühren. Noch höher dürften die Beträge sein, die der WWF von den Konzernen für Auftragsstudien und Beratungen erhält. Dazu kommen hohe Einzelspenden von Firmen, mit denen er in Runden Tischen oder auf anderer Ebene zusammenarbeitet. Besonders eng ist der WWF mit der Energiewirtschaft verzahnt. Mit *Shell* und *BP* verbindet ihn eine jahrzehntelange Partnerschaft. Die beiden Ölriesen, die auch ins Geschäft mit der Bioenergie eingestiegen sind, finanzieren neuerdings eine weltweite WWF-Studie mit dem Titel *Responsible Cultivation Areas*. Mit Hilfe des Ecofys-Instituts vermisst und kartografiert der WWF die Erde neu, um herauszufinden, welche Wälder auf der südlichen Halbkugel erhalten werden sollen – und wo es noch Land gibt, das nicht oder nicht »produktiv« genutzt wird und das man deshalb mit industriell betriebenen Plantagen zubauen kann.

Damit es keine Kommunikationsverluste gibt, sind die Ölgiganten auch personell im höchsten Leitungsorgan des WWF vertreten. Jahrelang war der ehemalige Boss der *Shell-AG*,

John H. Loudon, Mitglied im Stiftungsrat von WWF International, jetzt hat ein *BP*-Mann diese Position eingenommen: **Antony Burgmanns**. Er ist Mitglied im Verwaltungsrat von *British Petroleum* – und war zuvor Generaldirektor des *Unilever*-Konzerns.

Für Konzerne, die zu den schlimmsten Umweltsündern des Planeten zählen, erfüllt der WWF seinen Zweck als Marketinginstrument – zumindest solange er es schafft, nach außen hin wie eine unabhängige und engagierte Naturschutzorganisation aufzutreten. Ohne erfolgreiche Naturschutz-Projekte wäre der Panda für die Industrie eine Marke ohne Wert.

Auf Borneo hilft er einerseits dabei, zerstörte Regenwaldgebiete zu renaturieren, im gleichen Atemzug hilft er seinen Partnern aus der Industrie indirekt dabei, neue und viel größere Regenwaldflächen im Namen der Nachhaltigkeit zu zerstören.

8. TANGO MIT MONSANTO

Einmal im Jahr lädt der *Club der 1001* seine Mitglieder zum Panda-Ball. Man speist und diskutiert exklusiv über die Zukunft der Erde. Ist der *Club* tatsächlich nur ein sentimentales Relikt der Gründerjahre, ohne Bedeutung für die Politik des WWF, wie mir Rob Soutter im Hauptquartier des WWF in Gland einzureden versuchte? Wenn das Ganze tatsächlich nur ein harmloser Verein naturverbundener älterer Herrschaften ist, warum sind seine Treffen dann so geheim wie die der *Cosa Nostra*? Warum zahlt man 25.000 Dollar Aufnahmegebühr; welches unsichtbare Band verbindet seine Mitglieder?

Aufschluss darüber könnte die Mitgliederliste geben, doch die ist ja geheim. Es kostet mich einige Monate Recherche und Geduld, bis ich zwei Exemplare dieser Liste in der Hand halte, eine aus dem Jahr 1978, die zweite von 1987. Beide stammen aus dem Nachlass des britischen Journalisten Kevin Dowling, dessen Film über die afrikanischen Machenschaften des WWF nicht gesendet werden durfte.

Auf dem Deckblatt der Mitgliederliste steht schlicht: *The 1001 Members*. Einige Namen lese ich zum ersten Mal, die meisten klingen vertraut, weil sie mächtigen Männern gehören, die der politischen oder wirtschaftlichen Elite ihrer Länder entsprungen sind. Darunter sind der pakistanische Milliardär Karim Aga Khan IV., *Fiat*-Chef Giovanni Agnelli, Baron Astor of Hever (Präsident der *Times*), Henry Ford II., Stephen Bechtel (*Bechtel Group, USA*), Martine Cartier Bresson, Joseph Cullmann III. (*IBM*-Direktor), Charles de Chambrun (Führungsmitglied der *Front National*), Sir Eric

Deckblatt der Mitgliederliste des Club der 1001

FIERRO VIÑA, Alfonso	Spain
FIERRO VIÑA, Ignacio	Spain
FINCKENSTEIN, Count Karl-Wilhelm von	Germany
FIRMENICH, Roger	Switzerland
FISCHER, Senator Manfred	Germany
FISCHER, Théodore	Switzerland
FISCHER, Willem A.	Netherlands
FLAMAND, Jean F.	France
FLICK, Dr. Friedrich Karl	Germany
FOCKEMA ANDREAE, W. H.	Netherlands
FOLCH RUSIÑOL, Alberto	Spain
FORD, Benson	U.S.A.
FORD, Henry, II	U.S.A.
FORTE, Lady	United Kingdom
FORTE, Rocco J.V.	United Kingdom
FOURCROY, Jean-Louis	Belgium
FOURCROY, Mrs. Jean-Louis	Belgium
FOX, Mrs. Harry	U.S.A.
FRAGA-IRIBARNE, Ambassador Manuel	Spain
FRALICH, John S.	Canada
FRANCK, Eric	Belgium
FRANCK, Louis	Belgium
FRANKLIN, Cyril M. E.	United Kingdom
FRANTZ, Mrs. Ann	U.S.A.
FRASER, Bt. Sir Hugh	United Kingdom
FREDERIKS, Arthur	Netherlands
FREUDENBERG VON LOEWIS, Harley	Germany
FRICK, Dr. Hans Wolfgang	Switzerland
FRIDRIKSSON, Dr. Sturla	Iceland
FRY, E. Ewart	Canada

Auszug aus der Mitgliederliste des Club der 1001

Drake (Generaldirektor von *British Petroleum*), Manuel Fraga-Iribarne (Gründer der rechten *Alianza Popular*, Spanien), Gerald C. Goldsmith, Ferdinand Grappenhaus (niederländischer Finanzminister), der Bierkönig Alfred Heineken, Lukas

Hoffmann (*Hoffmann-La Roche*), Lord John King (*British Airways*), Sheikh Salim Bin Ladin (der ältere Bruder Osama Bin Ladins), John H. Loudon (*Shell*), Daniel K. Ludwig, Robert McNamara (Verteidigungsminister der USA), Maersk M. Moeller (Großreeder), Königin Juliana der Niederlande, Harry Oppenheimer (*Anglo American Corporation*), David Rockefeller (*Chase Manhatten Bank*, USA), Agha Hasan Abedi (Präsident der *BCCI-Bank*), Tibor Rosenbaum (*Banque de Crédit International*, Genf), Baron Edmond von Rothschild (Frankreich), Juan Antonio Samaranch Torello (Spanien), Baron Heinrich Thyssen-Bornemisza (Schweiz).

Aus Deutschland finden sich die Vertreter der mächtigen Industriedynastien auf der Liste: Bertold Beitz (*Krupp*), Otto Boehringer, Friedrich Karl Flick, Hans Gerling, Otto Henkell, Alfred Herrhausen, Kurt A. Koerber, Willy Korf, Hans Merkle, Rudolf August Oetker, der Bankier Heinz Pferdmenges, Senator Franz Burda, Peter von Siemens, Axel Springer, Prinz Johannes von Thurn und Taxis, Dr. Alfred C. Toepfer, Otto Wolff von Amerongen und Dr. Joachim Zahn von *Daimler Benz*.

Auffällig hoch ist der Anteil von Südafrikanern im Club. Neben Anton Rupert, dem Inhaber von *Rothmans International* und *Cartier* sind noch ein paar Dutzend andere führende Köpfe des Apartheidregimes dabei; fast alle sind oder waren auch Mitglied im rassistischen weißen *Broederbund*. Als einziger Schwarzafrikaner hat der Diktator Zaires, Mobutu Sesse Seko, Einlass in den weißen Eliteclub gefunden.

Die meisten Club-Mitglieder waren oder sind Unternehmer aus der Ölbranche und dem Bergbau, Chefs von Banken und großen Reedereien. Beim Panda-Ball wird vermutlich

Prinz Bernhard rekrutierte auch Zaires Diktator Mobuto für den Club der 1001

nicht nur über vom Ausstreben bedrohte Tiger, Elefanten oder Gartenrotschwänze diskutiert, sondern auch über das Geschäft mit Öl und Nahrungsmitteln. Die meisten Mitglieder des Clubs haben die politische und wirtschaftliche Geschichte ihrer Länder mitgeprägt – und sie haben einen großen ökologischen Fußabdruck hinterlassen.

Mitglied Nummer 572

Hinter der Mitgliedsnummer 572 verbirgt sich ein Name, der den meisten Menschen unbekannt sein dürfte: **José Martínez de Hoz.** Er lebt in *Buenos Aires* und ist ein argentinischer Oligarch mit Blut an den Händen. Ihm gehören über eine Million Hektar Land, er ist Großwildjäger und Gründungsvater des argentinischen WWF, der hier *Fundación Vida Silvestre* (FVS) heißt.[48] Den meisten Argentiniern ist Martínez de Hoz jedoch nicht als Freund der Tiere und als Leopardenjäger in Erinnerung, sondern als Wirtschaftsminister der Militärdiktatur.

Leider kann ich José Martínez de Hoz nicht persönlich treffen, denn im Sommer 2010 wurde er für seine Verbrechen gegen die Menschlichkeit verhaftet – nachdem er 20 Jahre lang unbehelligt von der Justiz leben konnte. Heute steht er unter Hausarrest und sein Anwalt teilt mir mit, dass sein Mandant niemanden empfangen möchte. Es gibt ein Foto aus der Zeit kurz vor dem Arrest: Ein dürrer, alter Mann kommt mit einer Brötchentüte nach Hause. Niemand würde glauben, dass dieser freundlich lächelnde, sensibel aussehende Greis der zweite Mann einer grausamen und blutigen Militärdiktatur war, die ungefähr 30.000 Bürger des eigenen Landes töten ließ, überwiegend blutjunge Männer und Frauen.

Als Wirtschaftsminister kümmerte sich Martínez de Hoz um die »*Modernisierung*« der argentinischen Wirtschaft, er öffnete das Land für den Weltmarkt und für ausländische Investoren. Ein Mann mit hervorragenden internationalen Kontakten, die er wohl auch dank seiner Mitgliedschaft im WWF-Club pflegen kann. Von seinem Luxusapartment im *Kavanagh*-Hochhaus aus darf er trotz Hausarrest seine Geschäfte in aller Ruhe weiterbetreiben. Er hat wie alle reichen Argentinier viel Geld in Soja investiert, dem wichtigsten pflanzlichen Energielieferanten im Zeitalter der *Green Economy*. Nicht nur José Martínez de Hoz, auch andere Spitzenfunktionäre des argentinischen WWF haben sich bei der

Umwandlung Argentiniens in eine Sojarepublik zweifelhafte Verdienste erworben.

Auf dem Flug von Washington nach Buenos Aires sind wir im Morgengrauen über den Norden des Landes geflogen: Von oben sieht das Grün aus wie argentinische Pampa. Doch in Wahrheit sind die riesigen entwaldeten Flächen unter uns Sojafelder. 1500 Kilometer Flug zwischen dem im Norden gelegenen *Salta* und Buenos Aires bedeuten 1500 Kilometer Sojafelder. Schon die Hälfte der Ackerflächen Argentiniens ist mit dem *grünen* Gold bedeckt – gentechnisch verändertes Soja aus dem Hause *Monsanto*. Die Soja-Monokultur hat sich inzwischen auch in den Nachbarländern Brasilien und Paraguay ausgebreitet wie ein riesiges Krebsgeschwür.

Biosprit aus Soja für Europa und die USA frisst den Menschen im Süden die Ackerflächen weg – gnadenlos und indirekt unterstützt vom WWF. Unter uns fliegen kleine Sprühflugzeuge über die endlos scheinenden Felder: Sie sprühen das Herbizid *Roundup* von *Monsanto*, eine Substanz, die von *Monsantos* Chemikern aus *Agent Orange* entwickelt wurde, einer giftigen Substanz, mit der im Vietnamkrieg die Wälder entlaubt wurden, um besser Krieg gegen die Vietcong führen zu können.

Die Soja-Diktatur

Die riesigen *Jacaranda*-Bäume auf dem Platz *San Martin* haben Millionen von Blüten abgeworfen. Über den purpurnen Teppich, den sie bilden, kommt uns der Mann entgegen, der in Argentinien für seinen unerbittlichen Widerstand gegen die Sojapolitik des Landes bekannt ist: **Jorge Rulli.** Er blickt angestrengt nach oben, die Hand schützt die Augen vor der gleißenden Sonne. Er taxiert das Hochhaus, in dem sein einstiger Todfeind José Martínez de Hoz lebt.

Jorge Rulli ist von den Schlachten seines Lebens gezeichnet: ein kräftiger Stiernacken, die kurzgeschnittenen, schlohweißen Haare wachsen auf dem Riesenschädel kreuz und quer und gehen übergangslos in den Bart über. Verwitterte Züge, die sich tief ins Gesicht eingegraben haben – und ein durch Folter erblindetes Auge. Als Che Guevara 1967 im bolivianischen Dschungel seine Guerrilla aufbaute, wurde Jorge Rulli in Argentinien das erste Mal verhaftet und grausam misshandelt. Man wollte von ihm wissen, welche Pläne sein Lehrmeister Che Guevara für Argentinien hatte. Tatsächlich hatte der Revolutionsführer die Idee, nach Bolivien auch in seiner Heimat Argentinien das Feuer der sozialen Revolution zu entfachen. Doch die Geschichte nahm einen anderen als den von ihm geplanten Verlauf und die Antwort der alten Oligarchie war grausam: In ganz Südamerika ergriffen in den 1970er-Jahren die Militärs die Macht. Es begann eine bleierne Zeit.

Jorge Rulli wurde ein zweites Mal verhaftet, verschleppt und ein Jahr lang in einem Geheimgefängnis gefoltert. Seine Frau und seine Kinder erfuhren nicht einmal, dass er noch lebte. Später wurde er zu fünf Jahren Gefängnis verurteilt. Rachegefühle gegenüber Martínez de Hoz hat er trotzdem nicht: »Er ist einer der Hauptverantwortlichen für die Diktatur, aber es ist zu spät, ihn für seine Verbrechen zahlen zu lassen. Da oben hockt er als einsamer alter Mann mit seiner Frau und darf nicht raus – das ist Strafe genug.«

Jorge lacht über seinen grimmigen Scherz und zeigt auf die Glasfassade auf der gegenüberliegenden Seite des Platzes, hinter der die argentinische Niederlassung des Gentechnik-Konzerns **Monsanto** residiert. Nach Jorge Rullis Meinung ist die US-amerikanische Firma heute »*die heimliche Regierung Argentiniens*«. Er vergleicht sie ohne mit der Wimper zu zucken mit der Diktatur der Militärs: »*Die von Monsanto durchgesetzte Monokultur ist genauso furchtbar wie die Militärdiktatur. Sie zerstört mein Land bis in die Wurzeln. Argentinien ist heute das größte Freiluftlabor für Gentechnik weltweit.*«

Als erste Regierung Lateinamerikas hob die argentinische im Jahr 1996 das Verbot von gentechnisch manipulierten Pflanzen auf und ließ zu, dass über die Hälfte der landwirtschaftlichen Flächen in Sojawüsten verwandelt wurden. Argentinien ist heute der weltgrößte Lieferant von Sojaöl. Der Großteil davon wird zu Biodiesel für Europa raffiniert, der andere Teil geht als Kraftfutter für die Massentierhaltung in die USA, nach China und Europa. Die politische Klasse Argentiniens will das Land mit Hilfe von Soja schnell industrialisieren und so die öffentlichen Schulden abbauen. Aus dem Erlös des Sojadiesels fließen 35 Prozent als Exportsteuer an den Staat.

Für Rulli ist das Soja-Modell trotz der beeindruckenden Wachstumszahlen kein Erfolg: »*Der Ackerboden wird durch die Chemikalien zerstört, die Kleinbauern werden vertrieben, Lebensmittel sind knapp und teuer geworden. Argentinien kann heute nicht einmal mehr genügend Fleisch für die eigene Bevölkerung produzieren. Aber das stört die Regierung nicht. Denn die Einnahmen aus der Soja-Exportsteuer sind so hoch, dass sie damit Hunderttausende Argentinier am Leben halten kann, die vom Land in die Slums der Städte geflüchtet sind.*«

Ich will wissen, wie sich der WWF zu der gentechnischen Agrarrevolution in Argentinien verhält, schließlich sind nicht nur Ackerflächen, sondern auch riesige Waldgebiete für den Sojaanbau geopfert worden. Nach Angaben der Forstämter wurde seit 1914 nahezu die Hälfte des argentinischen Chaco-Waldes abgeholzt.[49] Das Tempo der Zerstörung hat sich ab 2003 enorm beschleunigt, seit die Sojaindustrie zu ihrem großen Sprung nach vorn ansetzte. Die Naturschutzorganisation *Guyra* führt

Jorge Rulli

eine ständige Satellitenüberwachung durch: So betrug die Entwaldungsrate im Mai 2012 pro Tag 710 Hektar. Dagegen wehrt sich auch der WWF Argentiniens. Er hat sich in einer Studie dafür stark gemacht, dass 49 Prozent des restlichen Chaco als »besonders wertvolle« Lebensräume unter strengen Schutz gestellt werden müssen. Doch seinen Kritiker Jorge Rulli kann der WWF damit nicht versöhnen; wenn er 49 Prozent als »besonders schutzwürdig« ansieht, nimmt er hin, dass die Agrarindustrie den Rest erobert: »*In Argentinien ist die Stiftung FVSA (Fundación Vida Silvestre Argentina) keine Naturschutzorganisation im wörtlichen Sinn. Sie und Monsanto sind Arme desselben Körpers. Monsanto hat das Agrarmodell geschaffen, das unser Land beherrscht – und der argentinische FSVA/WWF bemüht sich nach Kräften, es gesellschaftsfähig zu machen. Er sagt: Gensoja ist gar nicht so schlecht, man kann es sogar ›nachhaltig‹ herstellen.*«

Jorge Rulli sieht mich an und ahnt, dass ich ihm nicht so recht glaube. Deshalb rät er mir, mit dem Vater des argentinischen Sojawunders Kontakt aufzunehmen. *»Er gibt eigentlich keine Interviews, aber als Deutscher hast du bei ihm gute Karten.«*

Dialog eines Patriarchen

Tatsächlich stimmt **Dr. Héctor Laurence** einem Treffen ohne Zögern zu. Er ist der Pate des argentinischen Modells: Sojaunternehmer und langjähriger Präsident des Agrarverbandes AIMA. Außerdem hat er jahrelang zwei ausländische Gentechnik-Firmen in Lateinamerika vertreten: *Morgan Seeds* und *Pioneer*, eine Tochter des Chemieriesen *DuPont*. Gleichzeitig war er von 1998 bis 2008 Präsident der *Fundación Vida Silvestre,* die sich im Jahr 1988 dem WWF International als assoziiertes Mitglied angeschlossen hat.

Ich treffe Doktor Laurence in seinem dezenten, in Kolonialblau gehaltenen Büro an der argentinischen Prachtstraße *Avenida de 9 de Julio,* beste Adresse also. Der Spross einer englischen Einwandererfamilie ist ein Gentleman vom Scheitel bis zur Sohle. Obwohl nahezu gleichaltrig, wirkt er jünger als sein Widersacher Jorge Rulli. Das mag an den sorgfältig gescheitelten, nicht ergrauten Haaren liegen oder am Country-Club-Outfit: blauer Blazer, eine teure Flanellhose, der herbe Duft des Deodorants. Mit jeder seiner energischen und kontrollierten Bewegungen und mit dem stählernen Blick seiner blauen Augen gibt er zu verstehen, dass er zur argentinischen Elite zählt. *»Diplomatisches Geschwätz«*, so Dr. Laurence, sei seine Sache nicht. *»Man muss euch Europäern klipp und klar* *sagen, dass ihr auf manchen Gebieten sehr rückständig seid, vor allem was moderne Technologien angeht. Ihr seid das Opfer linker Hysteriker, die die Gentechnik als Werk des Teufels denunzieren – statt auf die Wissenschaft zu hören.«*

Ich versuche, möglichst neutral aus der Wäsche zu gucken und komme zur Kernfrage des Besuches: Wie hält es der WWF mit der Tatsache, dass die ar-

Dr. Héctor Laurence: Sojaunternehmer und langjähriger Präsident des FVSA/WWF Argentinien

gentinische Erde mit *Monsantos* Pflanzenschutzmittel getränkt ist? Hat nicht gerade der argentinische Pharmakologe Prof. Carrasco in Laborversuchen festgestellt, dass *Roundup* das menschliche Erbgut schädigt? Dr. Laurence legt seine Stirn in staatsmännische Falten und denkt nach, bevor er antwortet: *»Diese Versuche sind pseudowissenschaftliche Propaganda. Wenn Sie mich auffordern würden, ein Glas Roundup zu trinken oder stundenlang daran zu schnüffeln – nein danke. Das könnte mir zweifellos schaden. Andererseits – und ich habe keine direkte Beziehung zu Monsanto, das möchte ich klarstellen – andererseits ist es doch so: Wenn man sich vor den Risiken neuer Technologien fürchtet, ja, dann müsste man auch Flugzeuge und Autos verbieten.«*

Er sieht mich einige Sekunden lang belustigt an und wartet, wie ich auf seinen scharfsinnigen Vergleich reagiere. Weil nichts kommt, legt er nach: »*Die Romantiker jammern der alten Pampa hinterher. Das ist Unsinn. Wir Sojaunternehmer sind im Kern doch auch Landwirte, der Boden ist unser wichtigstes Kapital. Wir pflegen und bewahren ihn. Jeder kann in Soja investieren. Man braucht keine Bauern mehr, um Landwirtschaft zu betreiben. Das hat Argentinien einen gewaltigen Effizienzschub gebracht. Die Pampa erlebt eine wahre Agrarrevolution.*«

Dr. Laurence erzählt stolz, dass er eigens die *Nationale Gentechnik-Kommission* gegründet habe, damit das Volk sich mit den Segnungen dieser Technik vertraut macht. Ein bisschen Werbung für den Fortschritt sei im rückständigen Argentinien schon notwendig, denn »*Monsanto hat eine schlechte PR gemacht, sodass viele Leute glaubten, bei Gentechnik werden Menschen mit Fischköpfen zur Welt gebracht oder ähnlicher Unsinn. Wir müssen Monsanto helfen, seine Produkte glaubwürdiger zu vermarkten.*«

Er habe es als seine persönliche Aufgabe empfunden, Industrie und Naturschutz zu »*versöhnen*«. Im Jahr 2003 lud Dr. Laurence daher zum *Forum der 100 Millionen* ein, einem Runden Tisch zum Ausbau der Sojaindustrie. Er selbst leitete sowohl die Delegation der Naturschützer als auch die der Unternehmer. Ein Dialog mit sich selbst? Dr. Laurence muss über diese ironische Bemerkung lachen: »*Es waren auch noch ein paar andere dabei, unter anderem die besten Wissenschaftler unseres Landes. Ich kannte beide Seiten der Medaille und war deshalb der richtige Mann, um einen Kompromiss zu erreichen.*« Das Forum einigte sich darauf, in Argentinien den Anbau von 100 Millionen Tonnen Soja und Mais für die Energiegewinnung zuzulassen.

Ich erinnere den Meister des Dialoges daran, dass der industrielle Anbau von genmanipulierten Pflanzen große Wald- und Ackerflächen verdrängt. Auf seiner Stirn bilden sich jetzt tiefe Sorgenfalten – in seiner Seele scheint der Naturschützer mit dem Unternehmer zu ringen: *»Der Verdrängungswettbewerb ist in einer freien Marktwirtschaft unvermeidlich. Deshalb mussten für unser ehrgeiziges 100-Millionen-Ziel ein paar sekundäre Wälder geopfert werden. Mehr als Wälder sind jedoch Ackerflächen betroffen; einige Produkte haben Einbußen erlitten: Sorghum, Viehzucht, Sonnenblumen oder Weizen.«*

Für *Monsanto* war die Zustimmung der Fundación Vida Silvestre zur *»neuen grünen Revolution«* ein Himmelsgeschenk. Denn der Konzern kämpft seit Jahren um moralischen Beistand für seine gentechnischen Eingriffe in die Natur. Mit Schützenhilfe des argentinischen Kardinals hat *Monsanto* sogar versucht, den Papst im fernen Rom zu einem guten Wort über die Gentechnik zu bewegen. Vergebens, die Kirche blieb hart. Bleibt der WWF als Ersatz. Er ist schließlich auch eine moralische Instanz, deren Wort in der zivilen Gesellschaft Gewicht hat. Heute, so resümiert Dr. Laurence stolz, sei Argentinien *»mit Hilfe des WWF eine grüne Weltmacht«.* Das 100-Millionen-Tonnen-Ziel ist 2010 erreicht worden, aber das sei erst der Anfang: *»Wir werden auf 200 Millionen verdoppeln.«* Auch WWF International, so legt Dr. Laurence nach, spreche sich inzwischen für die Gentechnik aus, *»dank unserer Pionierarbeit in Argentinien«.*

Am Ende dieses aufschlussreichen Gespräches frage ich Dr. Laurence, was er persönlich vom Gründer des WWF Argentinien Dr. Martínez de Hoz hält: *»Ich kenne und schätze ihn. Ein großartiger Mann, der seiner Nation gedient hat. Er steht zu Unrecht unter Hausarrest. Wie viele Angeklagte aus der*

Zeit der Militärregierung hat er nichts verbrochen, dafür lege ich meine Hand ins Feuer.«

Noch benommen von der Geschichtslektion frage ich ihn zum Abschied, ob er im *Club der 1001* des WWF die Nachfolge von Martínez de Hoz antreten werde. Über das braungebrannte Gesicht des Mannes huscht ein verlegenes Lächeln, wie mir scheint: »*Noch bin ich nicht gefragt worden, aber das kann ja noch kommen.*« Bei so vielen Verdiensten um sein Land wäre es auch ungerecht, ihm den Aufstieg in den WWF-Adel zu verweigern.

Auf dem Soja-Highway

Am nächsten Morgen fahre ich in das Dorf *Marcos Paz*, westlich von *Buenos Aires*. Hier hat sich der ewige Rebell Jorge Rulli eine Insel des Friedens geschaffen. Er wohnt mit seiner Familie in einem ehemaligen Bauernhaus; auf dem Restland hat er sich einen Garten Eden zugelegt mit wuchernden Gemüse- und Blumenbeeten. Er hat auch Samen ausgesät, die er von seinen Reisen mitgebracht hat. In den Supermärkten, so Jorge Rulli, könne man nur noch normierte und importierte »*Einheitsnahrung*« kaufen. Früher gab es auf den Märkten in den Dörfern eine große Auswahl von frischem Gemüse und Obst: »*Mit der Vielfalt ist es jetzt vorbei. Die Globalisierung der Nahrungsmittelindustrie führt zu einer dramatischen Verarmung in der Ernährung der Menschen.*«

Uns steht eine lange und unbequeme Autofahrt bevor, immer den Soja-Highway entlang in Richtung Norden. Stündlich wird es etwas wärmer, weil wir uns dem Äquator nähern.

Links und rechts dehnen sich die Sojafelder in einer menschenleeren Landschaft wie riesige, braune Tücher. Wir machen im Dorf *Tuyuti* halt, in dem nur noch ein einziger Bauer seiner Arbeit nachgeht: Er züchtet Polo-Pferde für den Export in die reichen Golfländer. Die anderen Höfe sind Ruinen.

1000 Dörfer gelten in Argentinien als *abandonados,* von den Bewohnern verlassen. Die meisten Bauern haben ihr Land gegen gutes Geld an die Sojaunternehmen verkauft. Auf 61 Prozent der argentinischen Sojafelder grasten vorher Kühe, oder es wuchsen Weizen, Sorghum, Kartoffeln, Mais, Sonnenblumen, Reis, Gerste, Bohnen und Baumwolle. Über 400.000 Bauern haben ihren Betrieb bereits aufgegeben und sind in die Städte abgewandert. In der Dorfschule unterrichtet die einzige Lehrerin gerade noch ein Dutzend Schüler, früher waren es vier Mal so viele.

Beim Anblick des halbverfallenen Schulgebäudes schwellen Jorges Zornesadern an: »*Mit dem Verfall der Dörfer ist auch die Kultur der Pampa verschwunden. Die Menschen flüchten vom Land, weil sie hier keine Arbeit mehr haben. Wer bleibt, riskiert den Tod durch Vergiftung. Roundup ist die Droge der argentinischen Wirtschaft.*«

In der Ferne entdecken wir das erste Sprühfahrzeug, *Moskito* genannt. Es zieht eine riesige Giftwolke hinter sich her: *Roundup* von *Monsanto.* Das Gift rieselt auf die Felder nieder, auf denen die noch kleinen Sojapflanzen gegen Gräser und Kräuter um ihren Platz kämpfen. Einen Tag später sind alle Pflanzen braun und tot, nur die Sojapflanzen haben überlebt. Sie sind durch ein eingebautes Gen resistent gegen das Gift.

Wer das Saatgut von *Monsanto* kauft, muss auch das dazu passende Herbizid *Roundup* erwerben. »*Durch dieses Paket*«, so Jorge Rulli, »*werden die Landwirte abhängig von Monsanto. Das Roundup-Ready-Modell bedeutet letztlich totale Kontrolle der landwirtschaftlichen Produktion. Abgesehen davon verseucht Roundup das Grundwasser und die Flüsse. Amphibien sind in unseren Flüssen ausgestorben. Wenn das Gift ausgebracht wird, flüchten selbst die Ratten und Schlangen in die Städte. Wir stehen am Rande eines ökologischen Kollaps, aber der WWF erzählt uns sinngemäß: Es ist alles in Ordnung, Soja ist gut, Soja kann man nachhaltig anbauen.*«

Wir fahren weiter durch die grüne Monotonie der Sojalandschaft, bis wir die Hafenstadt *Rosario* am Ufer des breiten, braunen Flusses *Paraná* erreichen. Jeden Tag treffen hier Hunderte von Lastwagen mit Soja aus allen Teilen des Landes ein. Von hier aus geht die Fracht nach Europa – oder sie landet in einer der neuen Raffinerien, die das Ufer des Flusses säumen. Diese verschlingen die Sojabohnen und verwandeln sie in Biodiesel. *Rosario* ist das Herz, das das grüne Öl in die Adern der Weltwirtschaft pumpt.

Die europäische Einspeisungspflicht für Biotreibstoffe hat mit Hilfe von Milliardensubventionen einen künstlichen Weltmarkt für Biotreibstoffe geschaffen; bis zum Jahr 2020 müssen 10 Prozent der Treibstoffe in Europas Fahrzeugen aus Pflanzen stammen. Auch in den USA gibt es eine vergleichbare Regelung. Weil Ackerland in Europa zu wertvoll und zu knapp ist, wird die Treibstoffherstellung aus Pflanzen in den Süden verlagert.

Zwei deutsche Politikerinnen haben sich besondere Dienste beim Siegeszug des Biosprits erworben: **Angela Merkel** und **Renate Künast**. In ihrer Zeit als Umwelt- bzw. Landwirtschaftsministerin setzten sie durch, dass die Europäische Union weltweit zum Vorreiter für Biosprit wurde. Renate Künast versprach den Bauern gar, sie seien *die Ölscheichs von morgen«*. Inzwischen hat sie eingeräumt, dass ihre Politik ein Fehler war, der Anbau von Energiepflanzen sei *»außer Kontrolle«* geraten. Aber die Geister, die sie rief, kann sie nicht zurückholen – selbst wenn sie es wollte.

Die boomende Biosprit-Branche hat Milliarden investiert und ganz neue Industriebündnisse hervorgebracht: Autokonzerne wie *VW* und *Toyota* bilden Konsortien mit Energiekonzernen wie *BP* und *Shell* sowie mit Agrokonzernen wie *Monsanto*, *Cargill*, *ADM* und *Dreyfus*. Energie- und Agrarkonzerne wachsen in Zeiten der *Green Economy* zusammen. 95 Prozent des argentinischen Dieselöls aus Soja gehen nach Europa. Überall, wo auf riesigen Flächen Energiepflanzen angebaut werden, in Lateinamerika, Asien oder Afrika, macht das hässliche Wort *Bioimperialismus* die Runde. Der Norden löst seine Energieprobleme auf Kosten des Südens.

Soja-Linke

Früher konnte Jorge Rulli den rechten Oligarchen die Schuld an allen Übeln der Welt geben, heute liegen die Dinge komplizierter. Schließlich haben vor allem linke Präsidenten und Politiker das Sojamodell in Lateinamerika durchgesetzt: *»Selbst Lula in Brasilien hat mitgemacht, obwohl Gentechnik in seinem Land verboten war. Monsanto hat die gentechnisch veränderte Saat von Argentinien aus über die Grenzen nach Paraguay, Bolivien und Brasilien geschmuggelt und in den Nachbarländern an die Bauern verschenkt.«*

Von *Monsanto* sei nichts anderes zu erwarten, aber die linken Regierungen hätten »*Nein*« sagen können. Stattdessen haben sie für *Monsanto* den Türöffner gespielt: »*Die Linke hat sich nach ihrer Niederlage nicht zu einer ökologischen Linken weiterentwickelt, sondern sich demütig angepasst. Die Chefideologen des Sojamodells sind keine Reaktionäre, sondern Linke. Vor 40 Jahren haben sie Bomben gebastelt und damit einen Vorwand für den Putsch geliefert, heute sind sie treue Diener Monsantos. Die Geschichte schlägt eigenartige Purzelbäume.*«

Gustavo Grobocopatel zum Beispiel ist heute der größte Sojaunternehmer Argentiniens. Früher sei er Kommunist gewesen und ein gern gesehener Gast in der Sowjetunion. **Héctor Huergo** war früher Chefideologe der Trotzkistischen Partei, mittlerweile ist er Chef der Agrarbeilage von *Clarín* und hat sich in den ideologischen Vordenker der Sojarevolution verwandelt: »*Früher forderte er die Agrarreform und die Enteignung des Großgrundbesitzes, heute ist er der Kopf der Gegenrevolution auf dem Lande.*«

Jorge Rulli hat immer noch Kontakt zu dem Genossen von damals: »*Ich habe Héctor bei einer Diskussionsveranstaltung getroffen und ihn gefragt, ob er sich nicht schäme, Argentinien in eine neue Kolonie zu verwandeln, deren einzige Rolle es ist, den mächtigen Ländern des Nordens Biotreibstoffe zu liefern. Er hat mich ausgelacht und gesagt: ›Mein lieber Jorge, du bist geistig in den 70er-Jahren stehengeblieben.‹ Ich blieb ganz freundlich und sagte: Gut, wir sind in Bezug auf das Wirtschaftsmodell unterschiedlicher Meinung, aber gib wenigstens zu, dass wir unsere gesamte Artenvielfalt verlieren. Er grinste mich an: ›Artenvielfalt? Die kann man doch im Labor wiederherstellen.‹ Diese zynische Kaviar-Linke hat sich in der Regierung eingenis-*

tet und lebt dort wie die Made im Speck. *Manchmal sehne ich mich nach der Militärdiktatur zurück – da wusste man, wer die Guten waren und wer die Bösen.*«

In Monsantos Arm

400 Kilometer weiter westlich stoppen wir unseren scheppernden Peugeot kurz vor der kleinen Stadt *Laboulaye*, denn in der ansonsten leeren Landschaft haben wir einen Menschen entdeckt: Fabricio Castillos. Der Sojafarmer repariert sein defektes Sprühfahrzeug. Wie sich herausstellt, ist er selbstständiger Unternehmer mit 130 Hektar Land – und einem Liefervertrag mit dem größten Sojaunternehmer Argentiniens, Gustavo Grobocopatel. Der zahlt für die Sojabohnen, je nach Weltmarktpreis. Die Produktionsrisiken trägt allein der Bauer: »*Als ich anfing, lief es prima. Monsanto hat uns das Saatgut die ersten Jahre praktisch geschenkt. Inzwischen sind die Preise kräftig gestiegen. Richtig teuer ist das Herbizid Roundup. Wir müssen immer mehr spritzen, weil das Unkraut resistent geworden ist. Ich verbrauche in diesem Jahr doppelt so viel Roundup wie vor fünf Jahren. Es rechnet sich nicht mehr.*«

Ich frage naiv nach, warum er nicht einfach auf konventionelle Soja umsteigt, auch die ist am Weltmarkt noch gefragt. Der Bauer schüttelt den Kopf: »*Ich bin umzingelt von gentechnisch manipulierter Soja. Sie würde mein Saatgut sofort verschmutzen. Außerdem hat Monsanto die meisten Saatgutfirmen Argentiniens aufgekauft. Man muss weit fahren, wenn man konventionelles Saatgut finden will.*«

Das *Grüne Gold* treibt den Bauern in den Konkurs. Wenn

die Sojaproduktion auch wirtschaftlich nicht sinnvoll ist, schafft sie sich dann nicht selbst ab? Da kann der Bauer nur lachen. »*Leider nicht. Mit meinen 130 Hektar kann ich keinen Gewinn mehr machen, jemand mit 500 Hektar kann davon noch leben. Irgendwann braucht man 5.000 Hektar. Bald gehört das Land einigen wenigen Investmentgesellschaften*«, sagt er und setzt sein Sprühfahrzeug in Bewegung. Zeit ist Geld.

Von *Laboulaye* aus fahren wir jetzt ohne Unterbrechung fast 1.000 Kilometer nordwärts. Geschlossene Waldgebiete entdecken wir dabei nicht, nur Soja- und Maisfelder. Wo sind die »*hochwertigen*« Wälder, die der WWF im Dialog mit der Industrie gerettet haben will? Jorge Rulli weiß es auch nicht: »*Erhalten geblieben sind vor allem Wälder, die in den Bergen liegen und deshalb für die industrielle Landwirtschaft ungeeignet sind. Der argentinische FVSA/WWF hat im Grunde für die Natur nicht viel erreicht und scheint sich mit den existierenden Nationalparks zufrieden zu geben. Schlimmer noch: Er unternimmt nicht genug gegen die Waldzerstörung zugunsten der Sojaindustrie.*« Bei diesen Worten fischt er aus seiner Aktentasche einen Packen Papier. Es sind die Sitzungsprotokolle des *Forums der 100 Millionen.*

Eigentlich tagte die erlesene Runde aus Vertretern von WWF und Industrie unter Ausschluss der Öffentlichkeit. Aber »*irgendjemand*« habe ihm die Protokolle zukommen lassen. Sie beweisen, dass der WWF aktiv bei der Auswahl von Waldflächen mitgemacht hat, die zur Vernichtung freigegeben wurden. Auf der Sitzung des Forums vom September 2004 berichtet WWF-Vertreter **Juan Rodrigo Walsh** über die Arbeit der von ihm geleiteten Arbeitsgruppe *Konversion*. Die sollte Vorschläge machen, welche Wälder zugunsten der

Sojaindustrie gerodet werden können. Im Protokoll heißt es wörtlich: »*Juan Rodrigo Walsh berichtete über die Fortschritte der Initiative zur Waldumwandlung, die er in Argentinien und Paraguay mit Unterstützung des WWF über die FVS (WWF Argentinien) koordiniert. Er beschrieb die Methodik und die Schritte, die in diesem dialogischen Prozess gemacht werden. Er konzentrierte sich dabei auf das Thema Nachhaltigkeit der Sojaproduktion – und zwar weltweit.*«[50]

Für Dr. Laurence, den damaligen Chef des argentinischen FVSA/WWF, war die Opferung von Wald offenbar kein Problem. Denn dank der Sojaflächen sei die Pampa »*heute grüner als vorher*«, so Dr. Laurence. Viele Unternehmer würden außerdem zum Schutz vor der Bodenerosion Grünstreifen zwischen den riesigen Feldern stehen lassen: »*Das sind grüne Korridore, durch die sich die Tiere weiträumig auf der Suche nach Sexualpartnern bewegen können. So wird die Artenvielfalt erhalten.*«

Für Laurence ist der Soja-Boom ein großer Segen: »*Er trägt dazu bei, unseren Planeten zu retten.*« Denn beim Anbau von Gen-Soja müssen die Felder vor der Aussaat nicht mehr gepflügt werden. »*Auf diese Weise*«, so Dr. Laurence, »*bleibt das Treibhausgas CO_2 in der Erde und wird nicht in die Atmosphäre freigesetzt. Ein großartiger Beitrag zum Klimaschutz.*« Die Sojaindustrie, angeführt von *Monsanto*, hat inzwischen beim Weltklimarat der Vereinten Nationen vorgesprochen und den Vorschlag gemacht, man solle diesen *pfluglosen Ackerbau* mit Emissionsgutschriften belohnen. Noch zögert der Weltklimarat, aber die Lobbyisten machen Druck, und nicht zuletzt auch der WWF.

Auf der Jahreskonferenz 2009 des *Runden Tisches für Ver-*

antwortungsvolles Soja (RTRS) hielt **Jason Clay** für den WWF die Schlussrede und stellte den anwesenden Managern der Soja-Branche saftige Extraprofite in Aussicht: Der *»pfluglose Ackerbau«*, so Jason Clay, werde in Zukunft mit Emissionsgutschriften belohnt: *»Neben Soja können die Produzenten dann auch Kohlenstoff verkaufen. Das ist eine Win-win-Situation. Die Produzenten hätten eine zusätzliche Einkommensquelle, Großhändler und Markenfirmen können verantwortungsvolles Soja einkaufen und damit ihre CO_2-Bilanz verbessern. Erste Kalkulationen kommen zu dem Ergebnis, dass Produzenten in waldreichen Regionen mehr am Verkauf von CO_2 verdienen können als an Soja.«* [51]

Jason Clay ist auf den Verbandstagungen der Agrarindustrie inzwischen ein häufiger und begehrter Gastredner. Er streichelt die Seele der Manager und verleiht ihrem Kampf um Märkte einen tieferen Sinn: Wer mit dem WWF zusammenarbeitet und nachhaltig produziert, hilft der Natur und der Menschheit.

In Wirklichkeit ist der *pfluglose Ackerbau* eine höchst umstrittene Methode. US-amerikanische Langzeitstudien beweisen, dass er falsche Erwartungen weckt. Tatsächlich kann man mit dem Verzicht auf das Pflügen nur sehr wenig Kohlenstoff im Boden speichern. [52] Die Speicherungsleistung wird durch die Nachteile beim pfluglosen Ackerbau mehr als ausgeglichen. Während beim normalen Pflügen das Unkraut untergegraben und damit zum Bestandteil der Bodenflora wird, muss es beim pfluglosen Anbau mit der chemischen Keule vernichtet werden. Schon bevor die Gensoja ausgesät wird, fliegen die Piloten Einsätze mit hochdosiertem *Roundup*, um die Äcker vorzubereiten, ein Rückfall in die Steinzeit der chemischen

Landwirtschaft. Die ständige Berieselung mit Chemikalien führt dazu, dass das Leben im Boden abstirbt – in der Folge wird er unfruchtbar.

Um den Verlust an organisch produzierten Nährstoffen auszugleichen, wird immer mehr gedüngt, Dünger aber produziert Lachgas. Der Chemie-Nobelpreisträger Paul Crutzen vom Mainzer Max-Planck-Institut hat ausgerechnet, dass der Düngereinsatz auf Sojafeldern drei bis fünf Mal so viel Lachgas (Dickstickstoffmonoxid) freisetzt, wie der Weltklimarat ursprünglich angenommen hat. Ein Rechenfehler mit fatalen Folgen, denn Lachgas erwärmt das Klima 300 Mal so stark wie das Treibhausgas CO_2.

Und der US-amerikanische Agrarwissenschaftler Prof. Miguel Altieri hat ermittelt, dass für die Herstellung von einem Liter Biosprit 1,27 Liter fossile Brennstoffe verbrannt werden: bei der Erschließung der Anbauflächen, für die Produktion des Soja-Öls und bei seinem Transport.[53] Energie aus Pflanzen verschärft das Problem mit den Treibhausgasen, statt es zu lösen!

Wir müssen Abschied von unserem Gefährten Jorge Rulli nehmen. Er will nach Buenos Aires zurück, eine Oppositionspartei hat ihn zu einem Hearing über die argentinische Nahrungsmittelkrise ins Parlament eingeladen. Außerdem muss er seinen wöchentlichen Kommentar im Radiosender *Horizonte Sur* zur Agrarpolitik der Regierung vorbereiten. Jorge wirkt beim Abschied müde. Vielleicht würde er lieber in seinem globalen Gemüsegarten in der Sonne sitzen, aber er kann keinen Kampf auslassen: »*Obwohl es nicht normal ist, dass wir Alten die Schlachten der jungen Generation schlagen.*«

Das politische Wissen seiner Generation sei im Moment

nicht gefragt, meint der alte Recke, denn alle rennen dem grünen Gold hinterher. Bei manchen Dorffesten in Argentinien werde inzwischen keine Schönheitskönigin mehr gewählt, sondern eine Sojakönigin, die *reina de la soja*. Der Goldrausch habe die Sinne seiner Landsleute verwirrt. Außerdem, so fügt Jorge Rulli hinzu, hat die Industrie billige Sojaschnitzel unters Volk geworfen, um die politische Kampfkraft der Opposition zu schwächen: »*Denn Soja enthält eine große Menge weiblicher Hormone.*« Er zwinkert zwar mit dem intakten Auge, aber ich bin mir nicht ganz sicher, ob sein Ausflug in die Hormon-Politik mehr war als ein kleiner Abschiedsscherz.

Je nördlicher wir kommen, desto größer werden die Sojafelder. Hier gibt es keine kleinen Farmer mehr, nur noch Großgrundbesitzer. Überall ragen Baumstümpfe aus dem Boden. Das ganze Land war bis vor kurzem Wald; es ist von großen Sojaunternehmen gerodet worden, unter anderem von der Aktiengesellschaft *La Moraleja*, an der WWF-Gründer José Martínez de Hoz beteiligt ist. In der Ferne erkennt man die bewaldeten Höhen der Voranden. Bis an die Berge heran reicht die Sojawüste. Immer wenn wir nachts fahren, brennt irgendwo ein Wald. Die Rodungen gehen weiter.

Pizarro

Bei der Einfahrt in die kleine Stadt *Orán* entdecken wir einen Fliegerclub. Eine *Cessna* ist gerade im Landeanflug. Wir warten, und als der Pilot sich aus der engen Kanzel geschält hat, spreche ich ihn an. Sein Großvater ungarischer Herkunft kämpfte als Pilot im Weltkrieg auf der Seite der Deutschen, sein Vater war Verkehrsfliegerpilot – und **Julio Molnar** fliegt im Tiefflug über die Sojafelder, um Gift auf das Land zu sprühen.

Wir wollen mit ihm Flugaufnahmen vom Vordringen der Sojafront machen. Er zögert ein bisschen und blickt besorgt auf die schwarzen Gewitterwolken, die in der Ferne aufziehen: »*Vielleicht schaffen wir es noch.*« Bei Windgeschwindigkeiten um die 120 km/h ruckelt die kleine Cessna heftig, aber der Blick im Abendlicht entschädigt für die Strapazen des Fluges. Die Sojafelder glühen wie Gold. Wir fliegen über einige schmale Waldkorridore, die stehen geblieben sind: Armselige Reste eines ökologisch wertvollen Waldes, der die Trockensavanne *Chaco* im Osten und den tropischen Regenwald im Westen miteinander verbunden hat – bis vor drei Jahren.

»*Hier gab es früher große Jaguar-Bestände*«, schreit der Pilot in den Wind. Jetzt seien sie aus der Gegend verschwunden. Wir fliegen über das Dorf *Pizarro* – es ist von Sojafeldern eingekreist. Ich nehme mir vor, morgen die Menschen dort unten zu befragen. Wie erleben sie die Giftflieger, die über ihre Köpfe donnern?

Nachdem wir wieder heil gelandet sind, nehme ich mir ein Herz und frage den Piloten, woher die vielen Brandnarben im Gesicht und auf seinem Arm stammen. »*Es war ein Unfall. Wir fliegen in einer Höhe von nur drei Metern, mit 200 Stundenkilometern. Das ist sehr gefährlich. Vor einem Jahr flog ich einen Insektizid-Einsatz, bei über 40 Grad Celsius Außentemperatur. Um nicht zu ersticken, habe ich die Kabinentür ein wenig geöffnet. Das Gift ist eingedrungen und ich verlor mein Orientierungsvermögen. Als ich die Hochspannungsleitung sah, war es zu spät und ich raste hinein. Ich schaffte es gerade noch, aus dem brennenden Flugzeug herauszukriechen. Glück gehabt, denn die Unfallermittler sagten mir, dass 95 Prozent der Piloten ähnliche Unfälle nicht überlebt haben.«*

Julio Molnar weiß, wie gefährlich seine Fracht für die Menschen ist, die unten wohnen, und er möchte, dass die Autoritäten den Luftraum in der Nähe von Dörfern sperren. Aber das ist schwer durchzusetzen, vor allem hier im wilden Norden, wo die Zentralregierung weit weg und das Recht auf der Seite der Starken ist: *»Oft füllen sie uns einen so genannten Cocktail in den Tank. Das ist eine Mischung aus allen möglichen Giften: Herbizide, Fungizide, Insektizide. Das ist hochgiftig, man darf es eigentlich nicht machen. Die meisten tun es trotzdem, um die Kosten zu senken.«*

Immer wieder haben wir auf unserer Reise auf der Sojaroute Klagen von Dorfbewohnern gehört: Wenn die Sprühflugzeuge unterwegs sind, leiden viele Menschen an Hustenattacken, sie bekommen Hautausschläge oder Sehstörungen. Julio Molnar wiegt den Kopf: *»Wir fliegen nicht direkt über die Dörfer, aber trotzdem ist es unvermeidlich, dass die Menschen etwas abbekommen. Eine einzige Windböe kann die Substanz über fünf Kilometer weit tragen.«*

In der kleinen Halle des Hangars wartet ein drahtiger Mann auf unseren Piloten, sein Flugschüler. Julio Molnar stellt ihn mir als einen Arzt aus der Region vor. Seinen Namen darf ich nicht nennen, denn das, was er zu sagen hat, könnte ihn den Job kosten: *»Ich höre immer häufiger von Einwohnern, die Opfer der Spritzeinsätze sind. Das gefährlichste Gift aus medizinischer Sicht ist dabei Glyphosat, der Hauptbestandteil von Roundup. In den Krankenhäusern hier werden viele Säuglinge tot geboren oder kommen mit schweren Missbildungen zur Welt.«*

Nach den Zahlen der Gesundheitsbehörde gibt es im Sojagebiet des *Chaco* eine Steigerung bei Missbildungen um das Vierfache. Auch die Zahl der Krebstoten hat sich deutlich erhöht. *Monsanto* behauptet immer noch, *Roundup* sei ungefährlicher als traditionelle Pflanzenschutzmittel. Geprüft hat das niemand, außer *Monsanto* selbst.

Vor meiner Recherchereise nach Argentinien habe ich bei einer Konferenz im belgischen Gent **Prof. Andrés Carrasco** getroffen. Er hatte gerade eine umfassende Testreihe an Amphibien durchgeführt, die in ihrer Genomstruktur dem Menschen sehr ähnlich sind. Er spritzte den Versuchstieren eine sehr niedrige Dosis von Glyphosat. Es kam zu vielen spontanen Fehlgeburten und Missbildungen. Der Wissenschaftler ist alarmiert: *»Es gibt mit Sicherheit einen Zusammenhang zwischen den Roundup-Einsätzen auf dem Land und der steigenden Zahl von Missbildungen. Ich bin sehr besorgt und habe das auch unserer Präsidentin geschrieben. Ich kenne Frau Kirchner aus der gemeinsamen Studienzeit. Sie hat nicht einmal geantwortet. Die Regierung verschließt die Augen vor dieser Zeitbombe und führt keinerlei systematische epidemiologische Erhebungen durch. Sie hat Angst, dass dann das ganze Sojamodell auf dem Spiel steht.«*

Zurück auf den Soja-Highway. Am nächsten Tag erreichen wir auf der Landstraße Nummer 5 das Dorf *General Pizarro*. Ein Besuch, den uns der langjährige Präsident des FVSA/ WWF Héctor Laurence sehr ans Herz gelegt hat. Dort könnten wir einen der *»größten Erfolge«* des argentinischen WWF bei der Verteidigung der Natur bewundern: den Nationalpark *Pizarro*. Der WWF, so Laurence, habe diesen *»hochwertigen Wald«* vor der Gier der Provinzregierung gerettet, die am

Soja-Boom mitverdienen wollte. Sie »*entwidmete*« ein 20.000 Hektar großes Naturreservat und verkaufte es an die Sojaindustrie. Dieser Deal führte zu heftigen Protesten der Einwohner und rief die Naturschutzverbände auf den Plan, zuerst Greenpeace, später auch den FVS/WWF Argentinien. Die Umweltverbände verklagten den Provinzgouverneur – und siegten, wenn auch nur halb.

Die Regierung musste als Folge des Richterspruchs einen Teil des ehemaligen Reservates von der Industrie zurückkaufen. Ganze 4000 Hektar sind von den ursprünglich geschützten 20.000 Hektar übrig geblieben. Den großen Rest durfte die Sojaindustrie behalten. Als wir gestern über den Nationalpark *Pizarro* geflogen sind, wirkte er winzig, ein grüner Streifen, der sich an die Berge im Westen schmiegt, daran links und rechts zwei grüne Schenkel. Das Filetstück in der Mitte ist herausgerissen, dort wächst jetzt Soja. Besser als nichts, sagt der WWF. Wir suchen die Parkverwaltung.

Pizarro ist ein langgestrecktes Dorf mit staubigen Pisten. Seit Monaten hat es nicht mehr geregnet. Daran sind die Rodungen schuld, sagen die Bewohner. Das Klima habe sich verändert. Die Bahnstrecke durch den Ort ist seit langem stillgelegt. Auf den Gleisen gehen schwarze Schweine und Ziegen spazieren. Im halb zerfallenen Bahnhof hat sich die Parkverwaltung eingerichtet: Ein Zimmerchen mit einem Holztisch und einem windschiefen Regal mit Aktenordnern – das ist alles.

Rangerin **Soledad Rojas** grinst, als sie unsere erstaunten Blicke sieht: »*Willkommen in Argentinien! Wir haben nicht mal ein Fahrzeug, um in den Nationalpark hineinzufahren. Dazu müssen wir ein Fahrrad nehmen.*« Seltsam – hat nicht der WWF kräftig in dieses Vorzeigeprojekt investiert? Soledads Grinsen wird noch breiter: »*Der WWF hat sich der Protestbewegung angeschlossen, als sie fast schon vorbei war. Wir, die Einwohner dieser Gemeinde, haben um unseren Wald gekämpft und gewonnen. Der WWF hat sich angehängt und von einer internationalen Organisation Geld dafür bekommen.*« Der WWF-Verantwortliche Ulises Martínez Ortiz bestätigt per E-Mail, dass der WWF 167.000 Dollar vom *Global Environmental Fund* bekommen habe, um einen »*Management-Plan*« für Pizarro zu entwickeln. Das Geld sei »*sachgerecht*« ausgegeben worden, überwiegend für Honorare an »*Berater*«. Soledad Rojas wundert sich ein wenig: »*Wir zumindest haben davon nichts mitbekommen.*«

Die älteren Bewohner des Dorfes erzählen uns, dass José Martínez de Hoz, WWF-Gründer und Wirtschaftsminister der Diktatur, früher häufig zur Jaguarjagd nach Pizarro kam. Die Jagd haben die Jaguare überlebt, die Sojaindustrie wurde ihnen zum Verhängnis. Soledad Rojas und die anderen Ranger haben bislang keine Jaguarspuren wiedergefunden: »*Er ist offenbar ausgestorben hier. Für ihn ist das Gebiet des Nationalparks zu klein – und es ist abgeschnitten. Der Jaguar wandert lange Strecken zwischen dem Chaco-Trockenwald im Osten und dem Yunga-Regenwald im Westen. Das kann er nun nicht mehr; dazu müsste er schon ein paar hundert Kilometer durch Sojafelder laufen.*«

Wir entschließen uns, noch einen Tag in der Nähe dieses wundersamen Nationalparks zu bleiben und quartieren uns im einzigen Hotel der Gegend ein. Es heißt *Ruta 5* und ist eine trostlose Bleibe für Fernfahrer, Techniker und Wanderarbeiter, die auf den Sojafeldern arbeiten. Auf dem langen Flur wimmelt es von Kakerlaken und man muss über drei halb verweste Hunde steigen, um in sein Zimmer zu gelangen. Die Luft ist schwarz von Moskitos, das Thermometer steigt auf 44 Grad, das Fernsehgerät ist kaputt und im winzigen Swimmingpool findet sich kein Tropfen Wasser, nur ein kaputter Gartenschlauch.

Am nächsten Morgen besuchen wir den Bauern **Moisés Rojas**. Er hält ein paar Schweine, hat kleine Maisfelder zwischen den Bäumen und in einem Gewächshaus züchtet er Tomaten für den Markt in der Provinzhauptstadt Salta. Seine Schweine leben von den Früchten des Algarrobo-Baumes, Kraftfutter braucht er nicht. »*Wir sind die wahren Ökologen*«, sagt er, »*wir nutzen den Wald, aber wir zerstören ihn nicht.*« Moisés hat den größten Teil seines Landes verloren. »*Mein Land gehört jetzt einer Aktiengesellschaft aus Buenos Aires. Der Staat hat es an sie verpachtet, obwohl in Argentinien das Gewohnheitsrecht gilt. Der Wald gehört zwar dem Staat, aber wer in ihm lebt und arbeitet, darf nicht einfach vertrieben werden.*« Zwar hat die Bezirksregierung ihm Ersatzland gegeben, aber die neue Landfläche ist nur noch halb so groß wie die alte und der Boden von schlechter Qualität. Viele Bauern haben das ihnen zugewiesene Ersatzland inzwischen sogar verkauft. Es ist nicht groß genug, um ihre Tiere zu ernähren. Sie leben jetzt als Sozialhilfeempfänger im Ort.

Moisés' Nachbar **Carlos Ordoñez** kommt auf ein Schwätzchen vorbei. Er wartet seit drei Jahren vergebens auf Ersatzland. Auch die versprochene Entschädigungszahlung ist ausgeblieben. Um zu überleben, hat er im Dorf einen kleinen Supermarkt aufgemacht. Seiner Meinung nach hat der WWF die Bauern nicht gut behandelt: »*Er kooperiert mit den gro-*

ßen Firmen und sagt, dieser Wald sei ›degradiert‹, nur weil wir ihn bewirtschaften. Damit liefert der WWF die Begründung für die Vertreibung von uns Bauern durch die Regierung. Was ist daran so schlimm, wenn man den Wald nutzt? Das Holz der schwarzen Algarrobo-Bäume ist eines der härtesten und wertvollsten der Welt. Davon kann man leben, wenn man immer nur wenig entnimmt. Die Sojaindustrie hat Millionen dieser Bäume mit Bulldozern plattgemacht und abgebrannt – und der WWF macht beide Augen zu.«

Inzwischen steht eine ganze Gruppe von Bauern um uns herum, die Diskussion zieht weite Kreise. Für Bauer Carlos ist das Schicksal des kleinen *Pizarro* ein Gleichnis für die Übel der Globalisierung: »*Soja macht uns arm und Unternehmen wie Cargill reich. Der Konzern baut hier Soja an, raffiniert das Öl und verkauft es auf dem Weltmarkt. Wir verlieren dadurch unsere Ackerflächen. Macht nichts, sagt Cargill und importiert von irgendeinem Ort der Erde Weizenmehl, damit wir in Pizarro Brot essen können. Die Ernährung der Menschen wird auf diese Weise von der Agrarindustrie abhängig. Sie wollen die totale Kontrolle. Dabei behauptet Monsanto immer: ›We feed the world.‹ Bevor das Unternehmen hier auftauchte, konnten wir uns gut selbst ernähren.*« Obwohl schon die Hälfte des Savannenwaldes im Norden Argentiniens verschwunden ist, sind noch einmal 5 Millionen Hektar zur Abholzung freigegeben worden.

Ich frage unseren Gastgeber Moisés, ob er persönlich schon einmal Probleme mit den Agrargiften gehabt habe. Er zeigt in die Gipfel seiner Bäume: »*Ja, einmal ist ein Flugzeug direkt über unser Grundstück geflogen und hat Herbizide abgelassen. Ich bekam davon Hautausschlag und meine Bäume verloren ihre Blätter.*« Hinter uns wird es unruhig. Seine Frau, **Francisca Sánchez de Rojas** ist aus dem Haus gekommen und mischt sich ein: »*Du hast das Baby vergessen, das ich verloren habe. Ich war im neunten Monat mit einem Mädchen schwanger. Es musste mit Kaiserschnitt herausgeholt werden – tot und mit schweren Missbildungen. Mehrere Ärzte haben es untersucht. Sie sagten mir: Das könnte an den Chemikalien liegen, du wohnst in einer gefährlichen Zone. Das Herbizid hat wohl das Erbgut geschädigt. So ist es mir ergangen.*«

Biodiesel hat in vielen Ländern der Welt zu einer neuen Welle struktureller Gewalt geführt. Der ehemalige UN-Sonderberichterstatter für Ernährung, Jean Ziegler, nannte die Produktion von Energie auf Ackerland »*ein Verbrechen gegen die Menschlichkeit*«. Regenerative Energie auf Pflanzenba-

Francisca Rojas de Sánchez vor der Sojawüste

sis produziert Hunger, Armut und Tod. Trotzdem setzt der WWF weiter auf ihren Ausbau.

Die deutsche WWF-Abteilungsleiterin **Martina Flecken-stein** hat der Industrie im Mai 2010 ein verlockendes Angebot gemacht. Auf der Konferenz der weltweiten Biotreibstoff-Branche in Sevilla, der *World-Biofuels*, sagte sie, die Flächen zur Gewinnung von nachhaltiger Biomasse könnten nach Meinung des WWF weltweit auf 450 Millionen Hektar ausgeweitet werden – ein Gebiet, so groß wie das der gesamten Europäischen Union.[54] Dann wäre ein Drittel aller Agrarflächen der Erde mit Energiepflanzen bebaut – ein gigantisches Ausmaß an Land-Grabbing, wie es sich bislang nicht einmal die Energiebranche selbst erträumt hat.

9. DIE NEUAUFTEILUNG DER ERDE

Was nicht sein *darf, kann* nicht sein. Ein WWF-Mitarbeiter, den ich seit langem kenne, warf mir an den Kopf, ich sei ein »*Verschwörungsfanatiker*«, als ich ihm erzählte, der WWF habe am Runden Tisch mit *Monsanto* einem Standard für »verantwortungsvolles« Gensoja zugestimmt. Eine Zusammenarbeit mit *Monsanto* sei schon deswegen unmöglich, weil der WWF gemeinsam mit allen anderen Naturschutzgruppen im August 2004 die »*Basler Kriterien für verantwortungsvollen Soja-Anbau*« unterzeichnet habe, in denen gentechnische Manipulationen grundsätzlich abgelehnt werden. Aber auch beim Thema Gentechnik hat der Panda zwei Gesichter.

Ich fliege nach Genf, um den Unternehmensberater **Jochen Koester** zu befragen. Schon am Telefon hat er kryptisch angedeutet: »*In Sachen Gentechnik fühle ich mich vom WWF über den Tisch gezogen.*« Nun stehe ich am Fenster seiner Firma *TraceConsult* mit fantastischem Ausblick auf den Genfer See. Der Kaufmann ist im weltweiten Sojageschäft als Unternehmensberater eine bekannte Größe, aber Geschäfte mit Gensoja kommen für ihn aus »*ethischen*« Gründen nicht in Frage. Gensoja sei »*massiv schädlich für den Menschen*« und für ihn ist es »*unverständlich*«, dass der WWF nicht verhindert hat, dass die beiden größten Gentechnik-Konzerne der Welt in den *Runden Tisch für Verantwortungsvolles Soja* aufgenommen wurden: *Monsanto* aus den USA und *Syngenta* aus der Schweiz: »*Die Folge wird sein, dass in Zukunft 80 bis 90 Prozent des als nachhaltig zertifizierten Soja aus gentechnisch manipuliertem Saatgut stammen.*«

Niemand wisse, welche Gesundheitsschäden gentechnisch veränderte Pflanzen langfristig anrichten. »*Erst in zwei oder drei Generationen werden wir die Folgen kennen, aber so lange kann Monsanto nicht warten. Das Unternehmen hat schließlich Milliarden in die Gentechnikforschung investiert und muss sie jetzt auf Teufel komm raus auch anwenden.*« Das sei »*irgendwie verständlich*«, aber dass der WWF als »*Nobelmarke unter den Naturschutzorganisationen*« mit *Monsanto* gemeinsame Sache mache, habe ihn »*schockiert*«, sagt der Unternehmer. Er weiß, wovon er spricht, denn er hat selbst beim *Runden Tisch für verantwortungsvolles Soja* mitgearbeitet: »*Als es losging, war ich mir sicher, dass Gensoja nie und nimmer ein Nachhaltigkeitssiegel bekommen wird.*«

Im März 2005 fand in einem Luxushotel im brasilianischen *Foz do Iguaçú* die erste Sitzung des *Round Table on Responsible Soy (RTRS)* statt. Geleitet wurde sie von **Yolanda Kakabadse**, der ehemaligen Umweltministerin Ecuadors; heute ist sie Präsidentin von WWF International. Alle großen Player der Sojaindustrie nahmen am Runden Tisch Platz, darunter die vier Agrarkonzerne, die den Weltsojamarkt kontrollieren: *Archer Daniels Midland (ADM)*, *Cargill*, *Bunge* und *Louis Dreyfus*. Mit von der Partie waren auch die Financiers des Geschäftes mit dem grünen Gold: die *Rabo Bank* aus den Niederlanden und die *HSBC-Bank*. Beide Geldinstitute halten große Aktienpakete an den Getreide-Konzernen.

Als Nahrungsmittelkonzern ist *Unilever* Gründungsmitglied des Runden Tisches, genauso wie die Produzenten von Saatgut und Pflanzenschutzmitteln *DuPont*, *Pioneer* und *Bayer*. Dazu gesellen sich als neue Partner im Geschäft mit Pflanzenenergie die Ölkonzerne *BP* und *Shell*. Unter Beteiligung des WWF ist es gelungen, alle Akteure der Produktions- und Handelskette von Soja an einen Tisch zu bekommen, um gemeinsam einen internationalen Standard für »*nachhaltiges*« Soja auf die Beine zu stellen.

Am Anfang gab es bei den Unternehmen Ängste, der WWF könnte zu viele kostenträchtige Umweltauflagen verlangen, aber am Ende waren alle beruhigt: Die ausgehandelten Standards halten Experten für butterweich und unverbindlich. Sie gestatten den Produzenten auch weiterhin, Wälder zu roden und einen chemischen Krieg auf den Äckern zu entfesseln. Nur ein paar »*hochwertige Primärwälder*« sollen von der Sojafront verschont bleiben. Knackpunkt der Verhandlungen war aus Sicht der Unternehmen allerdings die Frage, ob der WWF die Kröte Gentechnik schlucken würde.

Der Pakt

Jochen Koester arbeitete in der Arbeitsgruppe *Grundsätze* des Runden Tisches mit. »*Bei einer der ersten Sitzungen brachte jemand das Thema ›gentechnisch veränderte Organismen‹ zur Sprache. Ein Vertreter des Exekutivkomitees griff sofort ein und sagte: ›Darüber dürfen Sie hier nicht diskutieren.‹ Wir waren etwas konsterniert über diese Zensur. Es blieb bei dem Diskussionsverbot, aber immerhin wurde am nächsten Tag eine Begründung nachgereicht: Der Runde Tisch sei ›technologieneutral‹ und werde zu Gentechnik keine Position beziehen.*«

Die »*Technologieneutralität*« war das Einfallstor: 2009 nahm der *Runde Tisch* – für viele unerwartet – die beiden größten Gentechnik-Konzerne der Welt auf: *Monsanto* und *Syngen-*

ta. Kaum waren sie Vollmitglied des Runden Tisches, kam Schwung in die Festlegung der Standards für nachhaltiges Soja, und Jochen Koesters Befürchtungen wurden wahr: Der Runde Tisch beschloss im Jahr 2010 mit den Stimmen des WWF und *Monsantos* die Richtlinien für »*Verantwortungsvolles Soja*«.

Darin heißt es schlicht und klar: »*Dieser Standard gilt für alle Arten von Sojabohnen, der konventionell angebauten, der organisch produzierten Soja und der genetisch modifizierten Soja. Der Standard kann für alle Stufen der Sojaherstellung benutzt werden und er gilt in allen Ländern, in denen Soja produziert wird.*«[55] Für die Gentechnik-Konzerne ist dieser Beschluss ein Sieg auf der ganzen Linie: Eine für Mensch und Natur tödliche Produktionsweise erhält mit dem Segen des Panda das Prädikat »*nachhaltig produziert*«.

Monsanto kann mit seiner Soja jetzt auf »*nachhaltige*« Weise in den tropischen Regenwald vordringen. Bislang hat sich der Anbau in dem feuchtwarmen Klima des Amazonasbeckens nämlich nicht gelohnt: Die Sojapflanzen wurden von Pilzen, Insekten und Konkurrenzpflanzen vernichtet. Nun hat *Monsanto* gentechnisch veränderte Sojasorten auf den Markt geworfen, die das Klima im tropischen Regenwald gut vertragen. So sieht »*nachhaltige*« Regenwaldvernichtung aus. Der WWF hat den Vorreitern der Gentechnik mit dem unter seiner Beteiligung entwickelten RTRS-Siegel ein fürstliches Geschenk gemacht.

Jochen Koester ist immer noch ratlos: »*Wie kann man jemanden wie Monsanto hineinholen, ein Unternehmen, das 2009 den Preis für das am wenigsten ethisch handelnde Unternehmen der Erde bekommen hat?*« Ich spiele des Teufels Advokat und halte dem WWF zugute, er wolle im Dialog mit der Unternehmensführung die Geschäftspraktiken *Monsan-*

tos verbessern. Herr Koester muss lachen: »*Sie glauben doch auch nicht an den Weihnachtsmann. Durch Umarmung wird ein Unternehmen nicht besser.*«

Wer sich mit *Monsanto* verbündet, bricht mit einem Tabu der Naturschutzbewegung. Der Prinzipienverrat des WWF führt zu einer nicht-öffentlichen Welle der Kritik. Am 9. Februar 2011 beklagt sich beispielsweise der Deutsche Naturschutzring (DNR) in einem Brief an die WWF-Führung: »*Der RTRS hält ein längst gescheitertes System von Landwirtschaft künstlich am Leben ... Wenn der WWF sagt, die Produktion von Gentech-Soja sei in bester Ordnung, dann hilft er den Konzernen und fällt leider auch vielen Umweltorganisationen in den Rücken, die seit Jahren die Umwelt- und Gesundheitsgefahren der Gentech-Soja anprangern.*«[56]

Auch viele europäische WWF-Mitglieder wissen nicht so recht, was die Unterstützung *Monsantos* mit Naturschutz zu tun haben soll und reden sich damit heraus, dass die Industrie-freundlichen Amerikaner bei WWF International still und leise die Führung übernommen hätten, obwohl sie in Sachen Gentechnik nur eine »*Außenseitermeinung*« repräsentierten. Ich habe Jason Clay geschrieben und um ein Interview gebeten. Immerhin ist er Vizepräsident des WWF USA und im Vorstand der internationalen WWF-Lenkungsgruppe *Market Transformation*. Er persönlich hat die großen Deals mit dem Agrobusiness eingefädelt, auch mit *Monsanto*. Ich will von ihm wissen, warum sich der WWF auf die ungleiche Partnerschaft einlässt – und was er davon hat. Jason Clay antwortet ganz freundlich: Er sei zum Interview auf meine schriftlich eingereichten Fragen bereit und wir vereinbaren einen Termin in seinem Washingtoner Büro.

Kurz vor dem Treffen erhalte ich von Clays Pressesprecher eine Absage: Leider müsse Jason Clay vom Interview »Abstand nehmen«, weil der WWF Deutschland »einige Fragen zu Ihrem Projekt hat und besorgt ist. Da unsere Organisation auf Partnerschaft aufgebaut ist, müssen wir uns dem deutschen WWF beugen.« Ich rufe den deutschen Pressesprecher Jörn Ehlers an. Der ist allerbester Laune, weil er glaubt, einen kleinen Sieg davongetragen zu haben: »Ich kann verstehen, dass Sie die Absage ärgert, aber für uns ist es gut.« Ich will wissen, warum der WWF Deutschland so viel Druck gemacht hat. »Weil unsere Förderer und Spender abspringen könnten, sollte sich Jason Clay bei Ihnen ausbreiten.«

Viele Mitglieder des WWF glauben bis heute, das Nachhaltigkeitssiegel für Gensoja sei lediglich eine Art Verhandlungsunfall, die »eigenen Leute« hätten sich von Monsanto über den Tisch ziehen lassen. So etwas soll vorkommen, aber dieser Versuch einer Erklärung erweist sich bei den weiteren Recherchen als realitätsfremd.

Jason Clay

Monsanto, Cargill, Unilever und Syngenta haben einen mächtigen internationalen Lobbyverband gegründet, den Food & Agriculture Trade Policy Council. Er soll die Heilsbotschaften der Gentechnik in die ganze Welt tragen. Der Verband propagiert eine neue »grüne Revolution«, um den Hunger auf der Erde mit Hilfe der Gentechnik zu besiegen. Als einzige NGO ist der WWF durch Jason Clay in diesem Lobbyverband vertreten.

Bei einer Konferenz der *Global Harvest Initiative* treten im Sommer 2010 in Washington Sprecher von *Monsanto* und *Du-Pont* auf, um für die industrielle Landwirtschaft der Zukunft

Dr. Jason Clay (WWF-Vizepräsident)

die Trommel zu rühren. Dann erklimmt auch Jason Clay vom WWF das Podium. In seiner Rede legt er ein klares Bekenntnis zur Gentechnologie ab: »*Wir müssen den ökologischen Fußabdruck der Landwirtschaft einfrieren. Um das zu erreichen, gibt es sechs oder sieben Dinge, die wir in Angriff nehmen sollten ... Erstens Gentechnik. Wir müssen mehr mit weniger produzieren. Die Gentechnik darf sich dabei nicht auf Getreide beschränken, das jedes Jahr neu angebaut wird. Wir müssen Gentechnik auch bei tropischen Früchten einsetzen und bei Knollen- und Wurzelpflanzen. Diese Früchte müssen mit weniger Umweltschäden mehr Kalorien pro Hektar hervorbringen.*«[57]

Als Beispiel für das Potential der Gentechnik verweist Jason Clay auf eine Studie, die vom Getreidegroßhändler *Cargill* finanziert wurde: Mit Gen-Engineering könnte die Produktion von Palmöl verdoppelt werden. Und nur mit Hilfe der Gentechnik ließe sich das Ernährungsproblem in den ärmsten Ländern der Welt lösen: Pro Baum könnte man so die dreifache Menge an Mangos, Kakaobohnen oder Bananen ernten. »*Wir müssen klare Prioritäten setzen und uns auf die Nahrungsmittelproduktion konzentrieren: Wo werden welche Lebensmittel gebraucht, und wie lange dauert es – möglicherweise länger, als wir leben – bis ein genetisch manipuliertes Produkt auf dem Markt ist. Wenn wir nicht sofort anfangen, dann haben wir bald das Jahr 2025. Die Uhr tickt, wir müssen uns bewegen.*«[58]

Die Botschaft hört *Monsanto*-Boss Hugh Grant gerne, denn sie ist das Echo seines Mantras: *We feed the world.* Das Bündnis mit dem WWF ist für ihn ein strategischer Erfolg. Zum ersten Mal sagt eine unabhängige und einflussreiche zivile Organisation Ja zur Gentechnik – ohne Wenn und Aber.

Jason Clay, der gewöhnlich zu Beginn seiner Vorträge fallenlässt, er sei auf einer kleinen Farm in Missouri aufgewachsen, kann auf verschiedenen Klaviaturen spielen. Wenn im Saal keine Industriebosse, sondern Naturschützer oder Intellektuelle sitzen, wählt er eine andere Tonart. Dann greift er als Ouvertüre die Konzerne an und kritisiert ihren destruktiven ökologischen Fußabdruck, bevor die erlösende Botschaft folgt: Wenn der WWF die Großen auf dem Weltmarkt »umarmt«, werde das Böse verschwinden.

Bei seiner Rede auf der *TED Global Conference* in Edinburgh kündigte Jason Clay im Juli 2010 gar an, er werde mit den 100 wichtigsten Unternehmen der Welt Partnerschaftsverträge schließen. Diese Konzerne kontrollieren nach seinen Angaben die 15 wichtigsten Rohstoffe der Erde, ihre Herstellung, aber auch den Handel mit ihnen: »*Wenn wir diese Unternehmen dazu bringen, ihre Geschäftspolitik zu ändern, werden alle anderen folgen.*«[59]

Blackwater

In Washington gelingt es mir, mit einem Abteilungsleiter des WWF USA Kontakt aufzunehmen. Zwar weiß er, dass das Hauptquartier mich mit einem Bann belegt hat, aber es ist ihm egal. Seinen Namen möge ich aber doch lieber nicht nennen, er möchte nicht als »*illoyal*« gelten. Als langjähriger Naturschützer fühlt er sich im WWF nicht mehr zu Hause. Marketingexperten und Manager, die aus der Industrie in den WWF gewechselt seien, hätten die Zügel übernommen: »*Der WWF hat seine Grundsätze verloren.*« Der Soja-Deal mit

Monsanto ist aus seiner Sicht der Höhepunkt dieses moralischen Verfalls im WWF; nur deswegen ist er bereit, mir ein pikantes Detail der Affäre mit *Monsanto* zu verraten.

»*Im Sommer 2010 ist Monsantos Boss* **Hugh Grant** *zu einem Besuch ins Hauptquartier des WWF nach Washington gekommen, unter großer Geheimhaltung.*« So wie er selbst hätten auch die meisten anderen Leitungsmitglieder des WWF nicht erfahren, worüber hinter verschlossenen Türen verhandelt wurde. Zum Abschied drückt mir der WWF-Mitarbeiter einen Artikel der Zeitung *The Nation* in die Hand: »*Damit Sie verstehen, warum ich Angst vor Jasons neuen Freunden habe.*« Im Hotel lese ich mir den Artikel durch. Obwohl ich nie geglaubt habe, dass es sich bei *Monsanto* um eine Wohltätigkeitsorganisation handelt, bin ich über den Inhalt des Artikels von Jeremy Scahill schockiert. Nach seinen Recherchen hat *Monsanto* im Jahr 2008 die berüchtigte Sicherheitsfirma *Blackwater* angeheuert, um die Kritiker der Gentechnik zu infiltrieren. Normalerweise vermietet *Blackwater* Kampfeinheiten an Regierungen, die sie dann in Kriegen oder Bürgerkriegen einsetzen. Für die US-Armee und für die CIA führt *Blackwater* Operationen durch, bei denen die Hand der amerikanischen Regierung unsichtbar bleiben soll, vor allem, wenn es um gezielte Tötungen im *Kampf gegen den Terror* geht.

Für den Monsanto-Auftrag setzte *Blackwater* seine Tochterfirma *Total Intelligence Solutions* ein. Deren Chef, Cofer Black, traf sich laut *The Nation* im Januar 2008 in Zürich mit *Monsantos* Sicherheitsmanager Kevin Wilson. *Blackwater* schlug bei dem Gespräch vor, eine eigene *Geheimdienstabteilung* für *Monsanto* aufzubauen. Dieser private Geheimdienst soll demnach Agenten in Gentechnik-kritische Gruppen und

Medien einschleusen, um sie von innen her zu zersetzen.[60] Big Brother lässt grüßen.

Monsanto erobert mit seinem Zugriff auf das Saatgut der wichtigsten Agrarrohstoffe die Volkswirtschaften ganzer Länder – und könnte sie eines Tages ganz kontrollieren. Alle fürchten sich vor *Monsantos* »schöner neuer Welt«, nur der WWF nicht.

Die Freunde Europas

Die europäischen WWF-Organisationen fürchten Massenaustritte, wenn bekannt wird, wie weit sich ihre Organisation inzwischen mit *Monsanto* eingelassen hat. Im *Faktencheck*, einer Website, die der WWF als Forum für besorgte Mitglieder und Spender eingerichtet hat, gab er sich zugeknöpft bezüglich seines Partners und behauptete: »*Der WWF kooperiert nicht mit Monsanto.*« Er habe auch niemals Geld von dem Konzern angenommen. Nur wenige Tage später muss der WWF diese Behauptung zurücknehmen und gibt zu, dass der WWF USA schon zwischen 1985 und 1992 Spenden von *Monsanto* angenommen hat – insgesamt 103.000 Dollar.[61]

Die Selbstverteidigung des WWF überzeugt nicht einmal mehr die eigenen Anhänger. Ein Teilnehmer des WWF-Diskussionsforums beschreibt am 28. Juni 2011 seinen subjektiven Eindruck: »*Daher bleibt der Eindruck stehen ... dass Ihr Euch von der Industrie, und zwar der mafiösesten und problematischsten Industrie momentan, nach Waffen und Öl, instrumentalisieren lasst.*« Die Antwort der WWF-Führung vom gleichen Tag kommt einem halben Geständnis gleich: »*Die*

Tatsache, dass wir uns mit gewissen Unternehmen austauschen, bedeutet nicht, dass wir diesen Unternehmen irgendeine Sympathie entgegenbringen. Und zugegeben: Manchmal müssen wir uns unglaublich überwinden ... Aber wir haben nur ein Ziel: Firmen wie Monsanto zur Verhaltensänderung zu bewegen. Das mag in deinen Ohren naiv klingen, aber so denken wir!«

In einem internen Dokument vom 17. Februar 2009 beschäftigt sich die Führung von WWF International mit der Frage, wie man die Kritik an der Nähe zu *Monsanto* unterlaufen könnte. In dem nur für Funktionäre bestimmten Papier wird deutlich, dass sich der WWF öffentlich neu positionieren und gültige Beschlüsse außer Kraft setzen will: »*Der WWF muss eine aktualisierte Position zu gentechnisch manipulierten Pflanzen entwickeln. Sie muss unter anderem den Umstand berücksichtigen, dass die Produktion solcher Pflanzen bereits sehr verbreitet ist.*«[62]

Zur Eindämmung der Kritik an der eigenen Basis heißt es: »*Der WWF muss vorausschauend die Risiken für seine Reputation und an der Mitgliederbasis managen, die durch den Eindruck entstehen könnten, dass er Gentechnik-Unternehmen fördert.*« Als Sofortmaßnahme empfiehlt das Papier, »*die registrierte Adresse des RTRS zu ändern*«. Denn bislang hat der *Runde Tisch für verantwortungsvolles Soja*, in dem *Monsanto* und der WWF zusammenarbeiten, seinen Sitz in der Hohlstraße 110 in Zürich. Das ist die Anschrift vom WWF der Schweiz. Ob solche kosmetischen Manöver die eigene Basis ruhigstellen können?

Bei den Recherchen bin ich auf ein weiteres Dokument gestoßen, aus dem hervorgeht, dass die Kooperation mit *Monsanto* keine rein amerikanische Angelegenheit ist: ein Kursprogramm des WWF International für Konzernmanager mit dem Titel *One Planet Leader – das angewandte Nachhaltigkeitsprogramm für Geschäftsleute und Manager*. Bei der WWF-Weiterbildung sollen die Manager unter anderem lernen, wie sie ihre Firmen auf *Nachhaltiges Business* umstellen können, ohne dass der Profit leidet. Denn längst gilt das Gegenteil: Ein grünes Image treibt den Profit in Zeiten des Klimawandels nach oben.

Die Teilnahmegebühr für den mehrtätigen Kurs im edlen Ambiente eines ehemaligen Klosters im Schweizerischen Ittingen beträgt 9650 Euro. Zu essen gibt es bei dem Seminar nur Nahrungsmittel aus »*organischem Gemüseanbau*«. Das könnte für einige der teilnehmenden Führungskräfte die Höchststrafe bedeuten. Aus der Teilnehmerliste entnehme ich, dass bereits viele globale Unternehmen ihre Manager auf die Grünwasch-Akademie des WWF geschickt haben: *ABN Amro, Canon, Coca Cola, Dow, Johnson & Johnson, Nestlé, Nokia, Shell* und – *Monsanto*.

In Brüssel befrage ich dazu **Nina Holland** von der *European Corporate Observatory*. Bei ihrer Arbeit, der Überwachung großer Konzerne mit einem Hang zum Lobbyismus, hat Nina Holland auch den WWF im Visier, der sein Büro in der teuren *Avenue de Tervurenlaan* betreibt, nur etwa 100 Meter entfernt von der Europavertretung *Monsantos*.

Die etwa 30 WWF-Klinkenputzer in Brüssel haben nach Nina Hollands Erkenntnissen direkten Zugang zu den EU-Kommissaren und zu den mächtigen Generaldirektionen für Landwirtschaft, Umwelt und Transport. Sie sind gern gesehene Gesprächspartner, weil sie als »*konstruktiv*« gelten. Auch bei den Konferenzen und Tagungen zu Klimapolitik, Energie,

Wasser und Transport ist der WWF stets eingeladen, oft genug als einzige Umweltorganisation. Viele dieser hochkarätigen Meetings sind private Veranstaltungen, die von Industrieverbänden oder einzelnen Großkonzernen geplant und finanziert werden. Als einzige Naturschutzorganisation ist der WWF auch Mitglied in einem der wichtigsten *Think Tanks* Brüssels, den *Friends of Europe*.

Nina Holland hält den WWF für eine mächtige Lobbyorganisation auf dem Brüsseler Parkett und beobachtet seit 2004, dass er sich für die Anerkennung von Treibstoff aus Pflanzen starkmacht, insbesondere für die Zulassung von Kraftstoff aus Gensoja: »*Die Konzerne hatten kein Interesse an den Basler Kriterien – das war ein Nachhaltigkeitsstandard, der Gentechnik ausdrücklich verbot. Auch der WWF hat die Basler Kriterien mit unterschrieben. Aber kaum war die Tinte seiner Unterschrift trocken, heckte er mit der Industrie eine Alternative aus, den Runden Tisch für verantwortungsvolles Soja. Das Ziel, so sieht es für mich aus, war von Anfang an auch, dem gentechnisch veränderten Soja in Europa Zutritt zum Markt für regenerative Energien zu verschaffen. Die Leute des Brüsseler WWF-Büros haben sich mit den zuständigen EU-Beamten getroffen und sie bearbeitet, damit das private Zertifizierungssystem des RTRS in der EU akkreditiert wird.*«

Wir gehen die Liste mit den Mitarbeitern des Brüsseler WWF-Büros durch, darunter ist kein einziger Amerikaner, alle kommen aus europäischen WWF-Organisationen. An der Spitze steht **Imke Lübbeke** vom WWF Deutschland. Sie ist *European Officer* für Bioenergie. Für Nina Holland ist demnach klar, dass der WWF in Europa seinen Mitgliedern nicht immer die Wahrheit sagt: »*Die Amerikaner haben wenig Akti-*

en beim RTRS-Siegel für Soja. Es war von Anfang an ein Projekt für Europa. Ohne den WWF hätte Monsanto es sicherlich nicht so schnell und leicht geschafft. Ich fürchte, das ist auch nur der erste Schritt. Spätestens in zwei Jahren wird es heißen: Wenn die Monsanto-Pflanzen in Lateinamerika verantwortungsvoll und nachhaltig angebaut werden können, warum dann nicht auch in Europa?«

Am 26. Juli 2011 entscheidet die Europäische Union, das RTRS-Siegel zuzulassen. Damit gilt Biodiesel aus Gensoja als »regenerative« Energie aus »nachhaltigem Pflanzenanbau«. Die erste Schiffsladung mit RTRS-Soja trifft wenig später in Rotterdam ein. Sie stammt von der Firma *Amaggi*, dem größten Sojaproduzenten Brasiliens und Partner des WWF am *Runden Tisch für verantwortungsvolles Soja*.

Blairo Maggi, einer der Inhaber der *Grupo Amaggi*, war bis 2007 Gouverneur der Sojaprovinz *Mato Grosso* und genießt den zweifelhaften Ruf, Brasiliens größter Regenwaldvernichter zu sein. 40 Prozent aller Regenwaldrodungen in Brasilien gehen auf seine Firma zurück. Ihn selbst stört das nicht: *»Diese 40 Prozent bedeuten für mich gar nichts. Ich fühle mich absolut nicht schuldig. Wir haben immer noch unberührten Wald von einer Fläche größer als die Europas; also gibt es nichts, worüber man sich Sorgen machen müsste.«*[63]

Eis essen für den Regenwald

Jason Clay personifiziert wie kein anderer die Politik des WWF für das 21. Jahrhundert. Er vertritt den Kuschelkurs mit der Großindustrie sehr viel offener und radikaler als seine Kollegen aus dem alten Kontinent, die es vorziehen, ihre Dienstleistungen dezent und in Hinterzimmern anzubieten. Wer ist Jason Clay, der gemeinsam mit *Monsanto* unseren Planeten retten will? Was treibt ihn an, woran glaubt er wirklich?

Alte Weggefährten erinnern sich, dass er früher ein engagierter und spindeldürrer Anthropologe war. Heute hat er beträchtlich zugenommen und sich den Duktus von Industriemanagern zugelegt. Früher verteidigte er als Mitarbeiter der Menschenrechtsorganisation *Cultural Survival* eloquent und stets mit einem Koffer voller Statistiken die Rechte der indigenen Völker. So schrieb er noch 1988: »*Diese Menschen, die die tropischen Wälder seit Jahrhunderten nutzen, ohne sie zu zerstören, werden jetzt selbst zerstört. Westliche Konzepte, die auf die Eroberung der Natur abzielen, haben für sie verheerende Folgen.*«[64]

Was hat seinen Gesinnungswandel ausgelöst? Im WWF International ist er ein mächtiger Mann. Nicht alle teilen seine Sicht der Welt, aber wer im WWF widerspricht ihm? Da ich mit ihm nicht sprechen darf und er nicht mit mir, muss ich einen Umweg über Montana machen, um zu verstehen, wie der strategische Kopf des WWF tickt.

Am Fuße der Rocky Mountains lebt der angesehene Anthropologe **Mac Chapin** in einem kleinen, blauen Holzhaus. Er kennt Jason Clay aus der gemeinsamen Zeit bei *Cultural Survival*, wo er sich mit ihm einen Büroraum teilte: »*Jason war ein brillanter Anthropologe, verantwortlich für unsere Publikationen. Er fühlte sich unterfordert und langweilte sich. Dann entdeckte er das Marketing und gründete 1989 die Cultural Survival Enterprises. Jason begann, Regenwaldprodukte zu vermarkten, um die indigenen Völker in Kontakt mit dem*

Mac Chapin

Weltmarkt zu bringen. 1989 lernte er Ben Cohen kennen, den Mitinhaber der Speiseeismarke Ben & Jerry. Den überredete er dazu, eine neue Geschmacksrichtung ins Programm zu nehmen: Rainforest Crunch, mit Nüssen aus dem brasilianischen Regenwald, per Hand geerntet von den Menschen des Waldes.«

Mac Chapin muss bei dieser Floskel laut und herzlich lachen. Denn so gut wie nichts an *Rainforest Crunch* stammte aus indianischer Herstellung: Der Zucker wurde in industriellen Plantagen angebaut, die Milch stammte von amerikanischen Farmen und selbst die brasilianischen Nüsse wurden mehrheitlich im Großhandel gekauft: *»Es war ein großer Bluff, aber er wirkte.«* *Rainforest Crunch* entwickelte sich zu einer der meistverkauften Eissorten Amerikas. Das lag nicht nur am Geschmack oder an der Verpackung mit ihren bunten Urwaldmotiven, sondern vor allem an der Botschaft: *»Rainforest Crunch zeigt uns, dass der Regenwald profitabler ist, wenn seine Nüsse, Früchte und Heilpflanzen traditionell kultiviert und geerntet werden, als wenn man seine Bäume für den schnellen Gewinn fällt.«*

Einige Jahre nach der Markteinführung von Jason Clays PR-Idee fanden neugierige Journalisten des *Boston Globe* die Wahrheit heraus: Höchstens 5 Prozent der Nüsse stammten von der Kooperative aus dem Regenwald, die anderen 95 Prozent kaufte *Ben & Jerry* im Großhandel.[65] Außerdem waren die Nusssammler nicht mal Indios, sondern weiße Siedler, die sich zu allem Überfluss auch noch von Jason Clay und seinen Komplizen betrogen fühlten: Kein einziger Dollar der versprochenen Gewinnbeteiligung sei bei ihnen angekommen.

Angesichts des PR-Desasters zog *Ben & Jerry* die Notbremse und nahm die Marke im Jahr 1994 aus dem Programm. Ein Erfolg sei das Ganze trotzdem gewesen, behauptete die Firma, denn *Rainforest Crunch* habe zumindest eine »*Nachfrage nach Regenwaldprodukten geschaffen*«.

Für Mac Chapin ist das ein »*zweifelhafter Erfolg*«. Denn der Kontakt mit dem Weltmarkt beschleunige den Zerfall indigener Gemeinschaften. Obwohl als Betrug in die Geschichte eingegangen, avancierte *Rainforest Crunch* zum Modell für spätere WWF-Kampagnen, die dem Spender das Geld aus der Tasche locken und ihm gleichzeitig ein gutes Gewissen geben: Wer den afrikanischen Wald retten will, kann sich mit *Krombacher*-Bier abfüllen oder mit *LTU* um die Welt fliegen; und wer den Eisbären vor dem Aussterben bewahren will, kann das tun, indem er in ausreichenden Mengen Coca-Cola trinkt. Geht es dem WWF hier wirklich um das Klima oder ums Geschäft?

Mac Chapin hat die Metamorphose seines Kollegen Jason Clay mit große Sorge verfolgt: »*Jason fand Marketing sehr sexy. Als er 1994 zum WWF ging, war ich erschrocken. Denn mit ihm an der Spitze haben die Naturschützer im WWF einen schweren Stand. Jason ist ein Machtspieler, sehr ehrgeizig und gefährlich für jeden, der sich ihm in den Weg stellt.*«

Mac Chapin liebt die Ruhe der rauen und unwirtlichen Rocky Mountains. Allein schon deshalb, weil es in dieser wilden Felsenlandschaft wahrscheinlich nie eine landwirtschaftliche Monokultur geben wird. Ein ganzes Berufsleben lang hat er mit Indios gearbeitet und unterstützt sie noch heute. Doch obwohl der Widerstand der Indios gegen die Vernichtung ihrer Wälder stärker geworden sei, hält Mac Chapin ihren Kampf für verloren: »*In den 80er-Jahren entdeckte die Erdölindustrie den Regenwald. Dann folgten die Bergbauunternehmen, heute sind es die Biosprit-Konzerne, die wie ein Tsunami durch die Regenwälder fegen. Dazu kommt ein ernstes Problem: Der Kampf der Indios wird von den großen Naturschutzorganisationen des Westens untergraben, weil diese sich auf die Seite der Konzerne geschlagen haben.*«

Den WWF kennt er aus der Zusammenarbeit in vielen Feldprojekten. Viele Mitglieder des WWF leisten nach seiner Erfahrung »*vor Ort eine gute Arbeit*«, aber sobald es zu Konflikten um die Landrechte kommt, stehe der WWF eher auf der Seite der Mächtigen. Ich lese ihm Jason Clays Satz vor, wonach er die 100 größten Konzerne der Welt »*umarmen*« und damit »*verbessern*« werde. Mac Chapin grinst: »*Das ist so, als glaubte der Schwanz, er wedele mit dem Hund. Solche Unternehmen sind wie Haie, die sich alles nehmen, was sie haben wollen, und der WWF ist eine Art Putzerfisch. Er hat kaum Einfluss auf den Kurs des Raubfisches, meist schwimmt er einfach nur mit.*«

Um den WWF zu verstehen, so Mac Chapin, müsse ich der Spur des Geldes folgen. Der WWF, aber auch andere große Naturschutzverbände wie *Conservation International* seien in Gefahr, von Zuwendungen aus der Industrie abhängig zu werden: »*Es ist doch eine Ironie der Geschichte, wenn eine* große Naturschutzorganisation mit Mächten kooperiert, die die letzten verbleibenden Ökosysteme der Erde gefährden und irgendwann vielleicht sogar zerstören. *Auf der anderen Seite habe ich nicht den Eindruck, dass der WWF wirklich offensiv für die Belange der indigenen Völkern eintritt, die gegen diese Zerstörung kämpfen. 1989 hat die Vereinigung der Amazonasvölker den WWF aufgefordert, mit den Indios zusammenzuarbeiten. Aber der WWF hat offenbar andere Interessen.*«

Mac Chapin ist ein sanfter und umgänglicher Mann, der Streit hasst. Beim WWF dürfte er trotzdem in Ungnade gefallen sein, weil er im Jahr 2004 einen kritischen Artikel im *World Watch Magazine* veröffentlichte: *Eine Herausforderung für Naturschützer.* Darin machte er öffentlich, dass die Ford-Stiftung, die viele Projekte des WWF finanziert, im Jahr 2003 eine interne Ermittlung gegen den WWF durchgeführt hatte. Chapin klärt mich auf, wie es dazu kam: »*Die Organisationen mehrerer indigener Gruppen hatten sich bei der Ford-Stiftung über den WWF beklagt, er trete ihre Interessen mit Füßen. Die Stiftung ließ die Vorwürfe untersuchen und fand, dass die Klagen berechtigt waren.*«

In dem nicht veröffentlichten Bericht der Ford-Stiftung wird laut Chapin eine niederschmetternde Bilanz gezogen: Wenn Indio-Völker im Amazonasbecken für ihren Wald und gegen Bergbau- und Ölkonzerne kämpfen, hüllt sich der WWF meist in Schweigen; vor allem dann, wenn er mit jenen Konzernen kooperiert. Der WWF antwortete in einer Befragung durch die Ford-Stiftung, er sei »*apolitisch*« und halte sich grundsätzlich aus Konflikten heraus. Einige Mitglieder im Aufsichtsrat der Ford-Stiftung setzten durch, dass der Bericht nicht veröffentlicht wurde, an vorderster Front **Yolanda**

Kakabadse, damals Präsidentin der Internationalen Organisation für Artenschutz (IUCN). Seit Januar 2010 ist sie Präsidentin von WWF International.

Mac Chapin fürchtet, die Indios Südamerikas werden das gleiche Schicksal erleiden, wie einst die nordamerikanischen Indianer: *»Ich möchte gern etwas anderes glauben, aber ich kann es nicht: Die Situation für die indigenen Völker der Erde ist hoffnungslos. Wir werden ihr Leben und ihre Ökosysteme zerstören. In Südamerika findet gerade eine Art zweiter Conquista statt.«*

Der WWF spielt bei dieser Eroberung im Zeichen der Bioenergie nach Chapins Auffassung die Rolle des Kundschafters und des Moderators: Er soll die sozialen Konflikte eindämmen und dazu beitragen, dass es nicht zum gewaltsamen Widerstand kommt. Mac Chapin glaubt, dass die Manager der großen westlichen Umweltorganisationen deshalb in Wahrheit oft nicht mehr als *»Handlanger«* der Großkonzerne sind: *»Sie arbeiten mit den smarten Managern aus der Industrie zusammen, werden von ihnen benutzt und übernehmen nolens volens im Laufe der Zeit häufig deren Wertvorstellungen.«*

Weltmacht WWF

Nach WWF-Studien sind heute noch 30 Prozent der Erdoberfläche mehr oder weniger unberührte Naturräume, in denen vor allem indigene Völker leben. Um einen Teil dieser Biotope zu erhalten, hat sich der WWF offenbar auf einen Handel eingelassen. Er sieht sich selbst im Dilemma: Er kann den Vormarsch der Plantagenwirtschaft in Afrika, Asien und

Lateinamerika nicht aufhalten, fordert aber, dass mindestens 20 Prozent der Erdoberfläche als streng geschützte Naturräume erhalten bleiben. Die Industrie ihrerseits interpretiert die WWF-Mindestforderung nach ihrem Gusto: Wenn nur 20 Prozent erhalten werden müssen, ist der Rest der Naturlandschaften für den letzten großen Raubzug der Energie- und Agrarunternehmen freigegeben. Noch gibt es vor allem im Süden riesige Wälder und Savannen, die nicht Nationalparks sind. In Indonesien, Brasilien oder Argentinien sind nach der Flächenmathematik des WWF noch über die Hälfte des Landes »ungenutzt«, in Papua sogar 90 Prozent. Das Agrobusiness will dieses Land haben und der WWF tut nichts, um das zu verhindern.

Als moralische Rechtfertigung der weitgehenden Kapitulation vor dem Agrobusiness dient dem WWF und anderen ein apokalyptisches Szenarium: Wenn nicht mehr Land für Nahrungsmittel und Bioenergie freigemacht wird, gibt es im Jahr 2050 Kriege um Land, Nahrung und Wasser. Wenn neun Milliarden Menschen auf dem Planeten leben, müsse die landwirtschaftliche Produktion verdoppelt werden. Diese Annahme ist jedoch falsch, wenn man bedenkt, dass die Hälfte aller produzierten Nahrungsmittel verderben oder weggeworfen werden, bevor sie den Konsumenten erreichen. Auch die Risiken einer globalisierten industriellen Landwirtschaft auf der Basis von Gentechnik und Monokultur kommen in der Rechnung des WWF zu kurz. Der Weg, den *Monsanto* und seine Partner gehen wollen, ist nur eine Option, aber beileibe nicht die einzige.

Seit Jahren wiederholen die Agrarexperten entwicklungspolitischer Organisationen und der Vereinten Nationen, dass die Förderung der kleinbäuerlichen Landwirtschaft der bessere Weg sei, um auch in Zukunft gesunde Nahrungsmittel in ausreichenden Mengen zu produzieren. Ich persönlich bin davon überzeugt, dass ihre Argumente besser sind als die von *Monsanto* und dem WWF, aber sie verlieren trotzdem an Boden. Das Agrobusiness ist stark, weltweit vernetzt und es kann seine Lobbyisten und Gutachter gut bezahlen. Es diskutiert nicht lange, und ehe wir uns umsehen, hat es Fakten geschaffen.

Überall auf der Welt kaufen die Agrar- und Energieriesen Land auf. Der WWF verleiht diesem Beutezug einen zivilisatorischen Anstrich. Vor allem dazu sind die Runden Tische gut: Sie verteilen kaum mehr als Persilscheine für die *»nachhaltige und sozial verträgliche«* Produktion strategischer Rohstoffe: Zucker, Holz, Biotreibstoff, Fisch, Fleisch, Mais, Soja, Palmöl. Das Zertifizierungsgeschäft blüht – und der WWF lebt nicht schlecht damit.

Der WWF tut beides: Er schützt Wälder und hilft gleichzeitig den Konzernen, sich Land unter den Nagel zu reißen, das ihnen vorher nicht gehört hat und auf dem Menschen leben und arbeiten. Diese Menschen stören dabei oft und müssen dann weichen. Der WWF wirbt bei den indigenen Völkern für eine freiwillige Umsiedlung mit dem Slogan: *»Chancen auf ein besseres Leben«*. Wenn die Indigenen mitspielen, werden sie in Reservate oder Pufferzonen von Nationalparks umgesiedelt, die menschlichen Zoos gleichen. Sie werden vom Ökotourismus abhängig und verlieren ihr überliefertes Recht, von den Früchten des Waldes zu leben. Das ist der Preis dafür, wenn man in der »nachhaltigen« Welt des WWF überleben will.

Der WWF ist auf seine Art Teil eines globalen Steuerungssystems, mit dem die neue Weltagrarordnung durchgesetzt werden soll. Er arbeitet mit den wichtigsten Lobbyorganisationen des Agrobusiness zusammen, er bekommt für seine Zertifizierungssysteme Millionen aus staatlichen Kassen, von der Europäischen Union, der Weltbank und sogar von Organisationen der Vereinten Nationen. Der WWF ist eine politische Macht geworden und zwar als Folge der Tatsache, dass die Regierungen der westlichen Länder in den 1990er-Jahren die lästige Naturschutz- und Umweltpolitik zum großen Teil an Nicht-Regierungsorganisationen abgetreten haben. Diese Privatisierung hoheitlicher Aufgaben hat auf globaler Ebene ein Vakuum geschaffen, das von den transnationalen Konzernen und einigen wenigen NGOs gefüllt worden ist.

Ein paar Dutzend Menschen, die für ihre Mission niemals gewählt wurden, betreiben in Hinterzimmern ihre eigene Weltpolitik. Es geht um die Aufteilung der letzten Landmassen, die auf der Erde noch ausgebeutet werden können. Die Protagonisten der globalen *Green Economy* haben sich von den Institutionen der Nationalstaaten abgekoppelt. Ein paar multinationale Konzerne, die ihre Arme um den Planeten schlingen wie Kraken, dominieren die Entscheidungsprozesse. Ihre Manager sind überall, vor Ort im Urwald und in den internationalen Gremien, in denen strategisch wichtige Entscheidungen getroffen werden. Sie sind schneller als Regierungen oder internationale politische Gremien. Nur selten bekommt man Einblick in die Strukturen dieser Parallelmacht – in der Regel nur, wenn ein gewählter Politiker Zweifel bekommt und Sand ins Getriebe streut, so wie es der belgische Minister für Umwelt und Landwirtschaft **Guy Lutgen** im Jahr 1997 tat, nachdem die Weltbank verkündet hatte, sie habe mit dem WWF ein *Regenwald-Bündnis* geschlossen: die *Globale Allianz für den Erhalt und für die nachhaltige Nutzung von Wäldern.*

Über Umwege bin ich in den Besitz eines aufschlussreichen Briefwechsels zwischen Guy Lutgen und dem damaligen Präsidenten der Weltbank, James D. Wolfensohn, gekommen. Lutgen schrieb im Jahr 1997 einen wenig diplomatischen Brief, in dem er die Weltbank vor dem Bündnis mit dem WWF warnte. Damals forderte der WWF, mindestens 10 Prozent der Wälder unter Schutz zu stellen. Lutgen wollte nicht, dass die Weltbank diese Zahl übernahm. Und er wollte auch nicht, dass private Firmen im Schulterschluss mit dem WWF sich selbst Zertifikate ausstellen können, die ihnen Nachhaltigkeit bescheinigen. »*Wie kann eine Zertifizierung als unabhängig bezeichnet werden, wenn ihre Regeln von einer Handvoll NGOs und Unternehmen ausgearbeitet worden sind, ohne jegliche Überwachung durch öffentliche Instanzen? ... Das Risiko besteht darin, dass bestimmte Regierungen oder Unternehmen mit diesem System die nicht-nachhaltige Ausbeutung von 90 Prozent der Wälder legitimieren können, wenn sie die übrigen 10 Prozent wirtschaftlich schwer erschließbarer Wälder unter Naturschutz stellen.*«[66]

Die Befürchtungen des belgischen Ministers sollten sich als berechtigt erweisen. Die von den Agrarkonzernen und dem WWF auf den Markt gebrachten Zertifikate sind das Papier nicht wert, auf dem sie geschrieben sind. Das kann jeder Kunde schon im Baumarkt feststellen. Immer mehr Bretter oder Möbel tragen inzwischen das Nachhaltigkeitssiegel *FSC*. Die meisten Menschen kaufen das geprüfte Holz in dem Glauben, damit etwas Gutes für den Regenwald zu tun. Lesen sie auch das Kleingedruckte? Gleich neben dem *FSC*-Logo steht in den

JAMES D. WOLFENSOHN
President

December 4, 1997

Mr. Guy Lutgen
Minister
Le Ministre de L'Environnement, des
Ressources Naturelles et de l'Agriculture
Square de Meeus 35, 4e etage
1000 Bruxelles
BELGIUM

Dear Mr. Minister,

Thank you for your letter of September 9 with comments on the WWF/World Bank press release of June 25, 1997. I hope that the following will address and clarify your concerns about the WWF/World Bank Alliance.

With regard to the WWF's minimum 10% target for forest protected areas, we agree that priorities need to be set and close attention paid to determining adequate percentages for forest cover protection based on case-by-case analysis of the situation facing each particular forest type. The key consideration here, we believe, is that forest protected area systems need to be fully representative of the biodiversity they seek to protect. Simply having a total of 10% of the world's forest under protection will not be adequate if the individual systems do not harbor representative and sufficiently sized samples of all forest types.

Fixing a percentage for protection serves to highlight the importance of promoting good management of forests outside of protected areas. Certification is increasingly recognized as one of a portfolio of tools that can promote forest management and conservation outside of protected areas, one that also serves to validate producer claims of good forest management practices. The concept of certification has received the support of several international bodies, including the IUCN which encouraged its members to be supportive of efforts to develop voluntary, independent certification of forest management and associated products labeling. Also, in a recent report to the Commission on Sustainable Development, the International Panel on Forests also recognized that voluntary certification and labeling schemes are among the potentially useful tools to promote sustainable forest management.

While we recognize that certification is only one tool that can be applied to achieve good forest management, we fully accept that certification alone will not solve the larger problem of global forest degradation. Reducing degradation and loss of forests

Kopie des Briefes von James D. Wolfensohn an Guy Lutgen

meisten Fällen das harmlos klingende Wort: »*Mix*«. Das bedeutet gemäß den Regularien des *Forest Stewardship Councils FSC*, dass nur 10 Prozent des Holzes aus zertifizierter Produktion stammen müssen, der Rest stammt aus industriellen Baumplantagen oder Recyclingmaterial; Holz aus illegalen oder nicht nachweisbaren Quellen oder aus Raubbau soll nach den FSC-Grundsätzen ausgeschlossen sein. Jedoch ist die genaue Herkunft der zertifizierten Hölzer für die Kunden nicht erkennbar, eine Rückverfolgbarkeit ist für sie also nicht möglich.

Der weitsichtige Minister Guy Lutgen erhielt auf seinen Warnbrief an die Weltbank eine freundliche und unverbindliche Antwort von Präsident Wolfensohn. Der wies die Kritik zurück und bekräftigte das strategische Bündnis mit dem WWF. Ganz nebenbei bestätigt seine Antwort, dass es tatsächlich eine geheime WWF-Planung gibt, wonach nur noch 10 Prozent der Wälder erhalten bleiben sollen: *»Wir stimmen dem WWF-Ziel zu, mindestens 10 Prozent der Wälder zu schützen, denn es müssen Prioritäten festgelegt werden und dazu gehört, einen angemessenen Prozentsatz der Waldflächen unter Schutz zu stellen.«*[67]

Wolfensohn beharrte in seinem Brief darauf, dass Zertifizierungssysteme privat eingerichtet und geführt werden sollten und nicht von öffentlichen Instanzen. Eine wichtige Aufgabe der Zertifizierung sei es schließlich, den Handel mit Tropenholz in Schwung zu bringen: *»Sie kann dabei helfen, die Errichtung von Handelsbarrieren zu vermeiden.«* Das ist des Pudels Kern: Es geht bei den WWF-Bündnissen und den von ihm kreierten Zertifizierungssystemen in erster Linie um die Durchsetzung wirtschaftlicher Interessen.

Guy Lutgen wollte die Macht des WWF zurückdrängen, weil sie nach seiner Meinung durch nichts und niemanden legitimiert ist: *»Es ist doch überraschend, dass eine internationale Organisation wie die Weltbank ein Abkommen mit einer*

Nicht-Regierungsorganisation schließt, die als Lobbyorganisation in Zertifizierungssystemen operiert, die keiner demokratischen Kontrolle unterliegen und die außerdem von keiner internationalen Instanz beschlossen worden sind.«

Die belgische Regierung konnte sich 1997 mit ihren Bedenken nicht durchsetzen – und für den WWF hat sich das Bündnis mit der mächtigen und reichen Weltbank als genialer Coup erwiesen. Seit 1997 tauchen Weltbank und WWF meistens gemeinsam auf, wenn es um das Schicksal der Wälder in verschiedenen Teilen der Welt geht: in Sumatra, Amazonien, Papua und im Kongo. Bei den Verhandlungen mit den beteiligten Regierungen haben sie meistens schon einen gemeinsamen Masterplan für *»nachhaltige Waldwirtschaft«* in der Tasche. Sie haben auch die Macht und das Geld, ihre Strategie durchzusetzen.

Vereinfacht ausgedrückt: Weltbank und WWF schließen die Wälder der Erde für Energie- und Agrarkonzerne auf, die im Hintergrund warten, um Milliarden in die natürlichen Ressourcen des Südens zu investieren. Erst kommen die Kartografen und Missionare, dann die Financiers – und zum Schluss die Eroberer.

Die Eroberung Papuas

Dr. Jason Clay hat in seinem Standardwerk *Globale Landwirtschaft und Umwelt* aus dem Jahr 2004 behauptet, es gebe allein in Indonesien noch 20 Millionen Hektar *»degradiertes«* Land, das für Plantagen genutzt werden könnte. Diese vermutlich recht frei geschätzte Zahl fand schnell ihren Weg in die Weltbank. In ihrer Studie mit dem Titel *»Kernprobleme* *der Nachhaltigkeit im Palmölsektor«* beruft sich die Weltbank auf die Zahlenangabe von Jason Clay und befürwortet auf ihrer Grundlage eine Expansion der indonesischen Palmölindustrie auf 20 Millionen Hektar *»degradiertem«* Waldland.

Die Weltbankstudie liefert auch gleich eine Definition für »degradierten« Wald mit: *»Degradierte Wälder sind Wälder, in denen es weniger Struktur, Artenvielfalt, Biomasse und/oder weniger Überschirmung mit Baumkronen gibt als in ursprünglichen und jungfräulichen Waldgebieten.«*[68] Nach dieser Definition kann nahezu jeder Wald auf der Erde als »degradiert« eingestuft und deshalb gerodet werden– egal wie viele Menschen, Menschenaffen, Tiger und Elefanten in ihm leben. Der Autor dieser Weltbankstudie ist übrigens Cheng Hai Teoh, Generalsekretär des vom WWF gegründeten *Runden Tisches für nachhaltiges Palmöl* (RSPO); vorher war er in der Führung des WWF Malaysia tätig. So schließt sich der Kreis.

Ein Netzwerk von Auserwählten entscheidet über Schicksalsfragen ganzer Nationen und Kontinente. Jason Clays Studien und Zahlenspielereien werden von den Lobbyisten der Agrarindustrie aufgesogen und verbreiten sich wie ein Virus auf ihren Kongressen und Fachtagungen. Und ehe man sich versieht, enden sie nicht selten in sozialer Gewalt.

Wo sind die 20 Millionen Hektar *»ungenutztes und degradiertes«* Land, die Jason Clay in Indonesien gefunden hat? Auf den Hauptinseln Sumatra und Borneo gibt es fast keinen Urwald mehr, den man noch roden könnte. Selbst die Wortführer der Palmölkonzerne und das Wirtschaftsministerium in Jakarta sehen ein Potential von höchstens 10 Millionen Hektar für zusätzliche Plantagen. Wie kommt Jason Clay also auf 20 Millionen? Hat er etwa das Land der *Papua* schon mit eingerechnet?

Die weit im Osten Indonesiens gelegene Insel Papua ist seit Jahren die Achillesferse der indonesischen Politik. Hier gibt es noch Naturlandschaften, die bislang von der Plantagenwirtschaft verschont geblieben sind – fruchtbares Land, auf das die Agrokonzerne seit langem ein Auge geworfen haben. Ihr Problem ist: Dieses Land gehört den Papua-Stämmen. Wer es erobern will, riskiert einen Krieg.

Indonesien hat sich die Halbinsel Westpapua nach dem Ende der niederländischen Kolonialherrschaft mit Gewalt einverleibt und ist seitdem damit beschäftigt, ihre Bewohner zu unterwerfen und zu assimilieren. Mit einem riesigen Umsiedlungsprogramm sind Hunderttausende Menschen anderer Ethnien und von anderen Inseln des Landes nach Papua verfrachtet worden, um den Widerstand der Urbevölkerung zu brechen. Die Papua sind heute eine Minderheit im eigenen Land, aufgegeben haben sie ihre Heimat noch nicht. Ihre Bastion ist der Wald.

Das Nutzungsrecht der Stämme an den Wäldern ist in der indonesischen Verfassung verankert – ein Ergebnis der internationalen Intervention in den Konflikt. Um die *Papua* endgültig in die indonesische Nation einzugliedern, plant die Regierung jetzt, ihnen den Wald mit der Begründung wegzunehmen, die Provinz müsse sich wirtschaftlich entwickeln. Papua soll nach den Plänen der Regierung in ein Paradies für die industrielle Landwirtschaft umgewandelt werden: Zuckerrohr, Holz und Ölpalmen. Die Weltbank kümmert sich um die Finanzierung des Projektes und der WWF hilft, die anfallenden ökologischen und sozialen Probleme zu bewältigen.

Im April 2007 trafen sich auf Bali hochrangige Vertreter des WWF und der Weltbank mit den Gouverneuren der indonesischen Provinzen Aceh, Papua und West-Papua. Bei diesem Runden Tisch wurde über die Zukunft der Regenwälder diskutiert: Welche Wälder können für eine »nachhaltige wirtschaftliche Entwicklung« erschlossen werden und welche sollen erhalten bleiben, damit man mit ihnen Geld aus dem UN-Programm für »vermiedene Emissionen« verdienen kann? Die Zentralregierung in Jakarta hatte das Planziel vorgegeben: 10 Millionen Hektar Wald sollen allein in Papua verschwinden, um Platz für Plantagen zu schaffen. Per Gesetz will die Regierung das Land für 95 Jahre an die Konzerne verpachten. Für die vertriebenen »Ethnien« sind laut Gesetz Entschädigungszahlungen vorgesehen.

Am Ende der Beratungen verkündeten WWF und Weltbank ihren »Erfolg«: Nicht 10 Millionen, sondern nur 9 Millionen Hektar Wald sollen in Papua »Wirtschaftszonen« werden. Eine Million Hektar bleiben als Nationalparks erhalten. In Wirklichkeit hat der WWF nur den Schutz von 500.000 Hektar durchsetzen können, die anderen 500.000 Hektar waren schon vor dieser Verhandlung gesetzlich geschützter Nationalpark. Auch bei der praktischen Umsetzung der Beschlüsse von Bali spielt der WWF eine aktive und vorantreibende Rolle: Er hat es übernommen, das Land der Eingeborenen zu kartografieren.

Ronny ist Projektmanager des WWF-Büros für West-Papua mit Sitz in *Merauke*. In seinem Büro hängt eine Landkarte mit der zukünftigen Zonierung Papuas: Welche heiligen Orte der Stämme müssen verschont werden, wo gibt es dokumentierte Landnutzungsrechte der Papua, und wo kommen die

Ronny (WWF Papua)

Plantagen hin? Die Kartografierung ist ein zweischneidiges
Schwert: Sie kann im Einzelfall indigene Landrechte sichern;
auf der anderen Seite legitimiert sie den Landraub durch die
Invasoren. Auf die Frage, warum der WWF sich dafür her-
gibt, der Industrie bei ihrem Vormarsch zu helfen, antwortet
Ronny: »*Es gab keine Chance, den Wald zu retten, also müssen
wir mit den Unternehmen zusammenarbeiten, um wenigstens
einige hochwertige Waldgebiete zu schützen.*«[69]

Auch die Frage, wem der Wald eigentlich gehört, der mit
seiner Hilfe portioniert wird, kann den WWF-Mann nicht
erschüttern: »*Den lokalen Gemeinschaften. Noch gehört das
Land den Stämmen.*« Wissen die, dass 9 Millionen Hektar mit

Ölpalmen bepflanzt werden sollen? Bei dieser Frage schüttelt Ronny den Kopf und korrigiert: »*Hier in der Provinz Merauke sind es doch nur eine Million Hektar. Man muss die Stämme informieren, damit sie erfahren, was geplant ist. Sonst geben sie ihr Land nicht her. Das würde zu Konflikten führen. Manche machen sich Sorgen: Wenn ich mein ganzes Land verkaufe, wo soll ich dann leben? Sie können sich nicht vorstellen, auch einmal auf einer Plantage zu arbeiten. Andere dagegen denken: Wenn ich für eine Milliarde Rupiah verkaufe, kann ich 50 Jahre von dem Geld leben. Die haben es verstanden.*«

Der WWF meint es wirklich gut mit den Wilden. Aber wollen die wirklich in der schönen, neuen Welt des WWF leben? Gefragt hat sie keiner. Ihr Land wird aufgeteilt: in eine Wirtschaftszone und in eine Naturschutzzone. In beiden Zonen können sie sich nicht mehr frei bewegen.

Der WWF erzählt den *Papua* bei Besuchen in den Dörfern, dass auf sie »*neue Job-Chancen*« und »*Einkommensmöglichkeiten*« durch den Tourismus warten. In der Wirklichkeit läuft diese hohle Floskel auf den Tod der *Papua*-Kultur hinaus. Ohne ihren Wald haben die Stämme keine Produktionsmittel mehr. Sie enden im ethnologischen Zoo der Tourismusindustrie, in den Slums der Städte oder als unterbezahlte Leiharbeiter auf den Plantagen. Bei der Vertreibung der Papua spielt der WWF die Rolle der Vorhut und gibt ideologischen Flankenschutz, so wie die Priester, die vor 500 Jahren als Wegbereiter der spanischen Conquista in die Urwälder Amerikas gingen, um die Eingeborenen mit den Vorzügen der »Zivilisation« vertraut zu machen.

Kasimirus' Ende

Die Reise durch das grüne Empire des WWF endet im Dorf
der *Kanume* im Nationalpark Wasur. Dieser liegt an der Staats-
grenze zu Papua-Neuguinea. Die Landschaft ist buschig und
karg. Trockenwälder wechseln mit Sumpfland. Der WWF ist
stolz darauf, dass er den *Kanume* eine sichere Bleibe im Nationalpark geschaffen habe – dort seien sie sicher vor dem Zugriff
der Palmölindustrie. Inge Altemeier hat **Kasimirus Sanggara**, den Häuptling der *Kanume* 2007 besucht, um ihn selbst zu
fragen, was er von den dramatischen Veränderungen in seiner Heimat hält. Bei ihrer Ankunft musste sie feststellen, dass
die 90 Familien des Dorfes von 80 Soldaten der indonesischen
Armee bewacht wurden. Der Nationalpark ist eine hochmi-
litarisierte Zone. Denn die Unabhängigkeitsbewegung OPM
kämpft mit Pfeil und Bogen gegen die indonesischen Besatzer.
Hier in der Gegend ist alles unter Kontrolle, aber jeder Papua
weiß, mit welchen Mitteln die Ruhe im Land erreicht wurde:
Viele Papua sind verhaftet, gefoltert und getötet worden, einige
sind verschwunden, ohne eine Spur zu hinterlassen.

Beim Interview sieht Kasimirus Sanggara aus, als habe er
sich für eine Rolle in einem Hollywoodfilm herausgeputzt:
Sein Gesicht ist mit den Farben des Kriegers bemalt, große
Federbüsche an den nackten, muskulösen Armen künden von
seiner Macht. Er hat den Kontakt zu den Göttern des Waldes
und besitzt als Einziger im Dorf ein Fahrrad. Obwohl Soldaten
das Interview mit ihm überwachen, übt der Häuptling Kritik
am Parkregiment: Sein Stamm darf keine Schweine mehr halten und die Jagd ist in der Kernzone des Parks offiziell verboten – für ihn ein unerträglicher Eingriff in die Stammesrechte.

Der WWF hält dagegen: Zwar sei die Jagd offiziell verboten, sie würde aber von den Behörden »*toleriert*«. Konflikte mit der Palmölindustrie könne es auch nicht geben, denn das gesamte Stammesgebiet der *Kanume* liegt nach Auskunft des WWF im Park. Häuptling Sanggara dagegen sagt aus, dass er jedes Jahr im Juni, wenn die Trockenzeit beginnt, mit seinen Männern aufbreche, um fünf Monate lang außerhalb des Parks zu jagen. Zwar hat die Provinzregierung zugesichert, es werde in unmittelbarer Nähe des Nationalparks keine Plantagen geben, aber Kasimirus glaubt den Versprechungen der Behörden nicht.

Den WWF hat er als Mittler zwischen den Stämmen und der Besatzungsmacht kennengelernt: »*WWF-Mitarbeiter waren hier und haben Karten gezeichnet*«, erinnert sich der Häuptling. Sie hätten ihm viele Versprechungen gemacht: ein neues Dorf, Geld, eine Schule und die Aussicht, dass der Stamm Geld mit dem Verkauf von Eukalyptusöl verdienen könne. Viele der Versprechungen, so der Häuptling, seien nicht erfüllt worden und deshalb ist er auf den WWF nicht gut zu sprechen. Auch hätten die WWF-Gesandten ihm verschwiegen, dass im Park ein Jagdverbot eingeführt werden sollte.

Kasimirus Sanggara hat an Versammlungen mit den Häuptlingen anderer Stämme teilgenommen. Dabei wurde über ein Regierungsprojekt namens *MIFEE* gesprochen. Das *Merauke Intergrated Food and Energy Estate*-Projekt soll Papua wirtschaftlich »*entwickeln*«. Im Distrikt *Merauke* will das Landwirtschaftsministerium bis zu 1,9 Millionen Hektar Wald roden lassen, um Platz zu machen für Ölpalmen, Reis und Zuckerrohr. Schon haben die ersten Agrarriesen ihre claims in Papua abgesteckt – über 500.000 Hektar sind nach

Recherchen von Marianne Klute *(Watch Indonesia)* im Jahr 2012 zur Rodung freigegeben worden. Und selbst im Nationalpark *Wasur*, mitten im Herrschaftsgebiet von Kasimirus Sanggara, hat der illegale Holzeinschlag massiv zugenommen – ein sicheres Anzeichen für den Vormarsch des Agrobusiness. Trotz aller Warnsignale reicht das Vorstellungsvermögen des Häuptlings nicht aus, um zu sehen, dass seine Welt untergehen wird.

Mit einer ausladenden Armbewegung zieht er einen imaginären Kreis. *»Die Soldaten haben gute Waffen, aber sie können gegen mich nichts ausrichten, sie respektieren mich. Ich habe hier die Macht. Wenn ich will, kann ich sie mit einem Zauber belegen. Im Wald leben die Götter und unsere Ahnen. Der Wald ist die Quelle des Lebens. Wir schützen ihn – niemand kann ihn zerstören.«*[70]

Häuptling Kasimirus Sanggara

DANKSAGUNG

Nur mit der Unterstützung von Freunden und Fachleuten konnte ich die Fülle des Stoffs bewältigen. An erster Stelle danke ich Inge Altemeier, die mir die Türen in Indonesien geöffnet hat, ein Land, das für mich bislang Terra Incognita war. Für fachliche Beratung und für die selbstlose Hilfe bei der Abfassung und kritischen Korrektur des Manuskriptes danke ich: Klaus Schenck, Guadalupe Rodríguez, Heribert Blondiau, Ullash Kumar, Nordin, Heike Schumacher, Nina Holland, Konrad Ege, Raymond Bonner, René Zwaap, Reto Sonderegger, Javiera Rulli, Tibet Sinha, Arno Schumann und Marianne Klute *(Watch Indonesia!)*.

Ein großes Kompliment möchte ich meiner Lektorin Hannah Blut machen, die mit ihren kritischen Fragen und ihren sorgfältigen Nach-Recherchen viel zum letzten Schliff des Buches beigetragen hat.

Mein besonderer Dank gilt den WWF-Mitarbeitern, die mir im persönlichen Gespräch wertvolle Einblicke in das Innenleben des grünen Empire gegeben haben. Sie haben sich in der Hoffnung auf das Gespräch eingelassen, dass dieses Buch innerhalb und außerhalb des WWF zu einer kritischen Debatte über die ethischen und politischen Grundsätze von Naturschutzarbeit führt.

Anmerkungen

1. Dowie, Mark, Conservation Refugees, Massachusetts, 2009, S. 123 ff.
2. Zitiert nach: Dowie, S. 130.
3. *Tiger in Not*, WWF Deutschland, Berlin 2010.
4. Zitiert nach: Schwarzenbach, Alexis: *WWF – Die Biografie*, München 2011, S. 164.
5. Zitiert nach: Bonner, Raymond: *At the hand of man. Peril and hope of Africa's wildlife*, New York 1993 S. 176.
6. Zitiert nach: Bonner, S. 176.
7. Bonner, S. 178.
8. Zitiert nach: Dowie, S. 3.
9. Zitiert nach: Douglas, Allen: *WWF. Rassenlehre und Weltregierung*, in: Der Untergang des Hauses Windsor, Wiesbaden 1995 (Hg.: Executive Intelligence Review), S. 21.
10. Zitiert nach: Bonner, S. 61.
11. Zitiert nach: Bonner, S. 64.
12. Interview mit Kevin Dowling, 1997.
13. Zitiert nach: Schwarzenbach, S. 52.
14. Howarth, Stephen und Jonker, Joost, *A History of Royal Dutch Shell*, Band II, Oxford 2007, S. 427 ff.
15. Schwarzenbach, S. 147.
16. Protokoll des Exekutivkomitees des WWF vom 24.3.1982, Zitiert nach: Schwarzenbach, S. 151.
17. Protokoll des Stiftungsrates des WWF vom 26.4.1967, zitiert nach Schwarzenbach, S. 48.
18. Kevin Dowling, unveröffentlichtes Interview durch René Zwaap, 1997.
19. Bonner, *At the Hand of Man. Peril and Hope for Africa's Wildlife*, New York 1993, S. 180 ff.
20. Bonner, S. 77.
21. Zitiert nach: Schwarzenbach, S. 219.
22. Interview mit Kevin Dowling, 1997.
23. Zitiert nach: Bonner: S. 80.
24. Laut Prof. Stephen Ellis, Universität Leiden, im Fernsehinterview mit dem Autor, 7.3.2011.

25. Schwarzenbach, S. 218.
26. Groh, Dr. Arnold: *Report, Assessment and Recommendations regarding the Batwa people,* Pressestelle der Technischen Universität Berlin, 15.7.2011.
27. *Locals who once opposed gorilla habitat now exert themselves to protect it,* Website WWF International vom 5.1.2012: http://wwf.panda.org/what_we_do/how_we_work/conservation/species_programme/species_people/our_solutions/binp_uganda/.
28. Ebd.
29. Machbarkeitsstudie zum Kavango-Zambesi-Projekt, Band II: http://www.kavangozambezi.org/publications_&_protocols/kaza_tfca_prefeasibility_study_volume%202.pdf.
30. MacDonald, Christine: *Green, Inc. – An environmental insider reveals how a good cause has gone bad,* Guilford 2008, S. 7.
31. Das Interview mit Amalia Prameswari hat Inge Altemeier geführt.
32. Malaysian Environmental Consultants Sdn. Bhd., HCV Assessment of the Wilmar Central Kalimantan Project, Jakarta 2009.
33. Ebd., S. 16.
34. Wilmar, Central Kalimantan Project Indonesia – Proposed Conservation Area (im Besitz des Autors).
35. Martina Fleckenstein im Interview mit Inge Altemeier, 2010.
36. Greenomics, Wilmar Touts Concern for Orangutan, Jakarta 11 July 2011.
37. Fleckenstein, Martina: *Roundtable on Sustainable Palm Oil,* Präsentation, www.gtz.de/de/dokumente/en-fleckenstein-wwf- RSPO-2010.pdf.
38. Fleckenstein, Martina: *Umweltverbände schießen sich auf Nachhaltigkeitssiegel ein,* in: top agrar online, 03.02.2010.
39. http://www.iscc-system.org/.
40. *Cargill's Problems With Palm Oil,* www.ran.org/cargillreport.
41. Sarawak Report: *Top US Economist Jeffrey Sachs was »cultivated« and »influenced« to become a »Champion« of Sime Darby,* November 2011: http://www.sarawakreport.org/2011/11/top-us-economist-was-cultivated-and-influenced-to-become-a-champion-of-sime-darby-world-exclusive/.

42. Website von Sime Darby, 29.12.2011: www.simedarbyplantation.com/Sustainability_Initiatives.aspx.

43. http://www.sarawakreport.org/2011/11/top-us-economist-was-cultivated-and-influenced-to-become-a-champion-of-sime-darby-world-exclusive/

44. http://www.telegraph.co.uk/earth/environment/forests/3534204/Palm-oil-round-table-a-farce.html

45. WWF Deutschland, *Die »Heart of Borneo«-Initiative*, Frankfurt 2005, S. 2: www.wwf.de/downloads/publikationsdatenbank/ddd/10181/.

46. Global Witness: *Pandering to the Loggers. Why WWF´s Global Forest and Trade Network isn't working*, S. 8: www.globalwitness.org/panderingtotheloggers.

47. Clay, Jason W.: *Agriculture from 2000 to 2050 – The Business as Usual Scenario*, Global Harvest Initiative, Redemanuskript, S. 36.

48. Die argentinische Stiftung *Fundación Vida Silvestre* (FVS) trat im Jahr 1988 dem WWF International bei und ist seitdem Mitglied.

49. Atlas del Gran Chaco Americano, GTZ 2006, S. 72.

50. Acta No. 4: *Foro por 100 Milliones Sustentables*, 14.9.2004.

51. WWF-Pressemitteilung vom 29.5.2009: *Soy industry adopts environmental standards*: http://worldwildlife.org/who/media/press/2009/WWFPresitem12532.html.

52. Blanco-Canqui, H., Lal, R.: *No tillage and soil-profile carbon sequestration: An on-farm assessment*. Soil Science Society of America Journal 72, 2008, S. 693-701.

53. Altieri, Miguel, Bravo, E.: *The ecological and social tragedy of crop-based biofuel production in the Americas*, 2007, http://www.foodfirst.org/node/1662.

54. Roberts, Martin: *Limited biofuel land compatible with food*: www.Reuters.com (Spanien) am 19.5.2010.

55. RTRS_STD_001_V1-0_ENG_for responsible soy production: http://www.responsiblesoy.org.

56. Der Brief stammt vom 9.2.2011 und ist von Prof. Dr. Hartmut Vogtmann, Vizepräsident des Deutschen Naturschutzringes (DNR) unterzeichnet. Eine Kopie ist im Besitz des Autors.

57. Clay, Jason: Rede auf dem Symposium der Global Harvest Initiative, April 2010, Washington: http://vimeo.com/10776368.

58. Ebd.

59. Clay, Jason: *How big brands can save biodiversity*, Rede auf der TED Global Conference, Edinburgh 2010: www.ted.com/talks/jason_clay_how_big_brands_can_save_biodiversity.html.

60. *Blackwater's Black Ops*, The Nation, 15. 9.2010.

61. Hans Peter Fricker, Chef des WWF der Schweiz, räumt diese Monsanto-Spenden im Interview mit der Neuen Zürcher Zeitung vom 29.6.2011 ein: *Niemand beim WWF will ein Feigenblatt sein.*

62. *Note on the agreed WWF Network response to criticisms of WWF involvement in the Roundtable on Responsible Soy (RTRS) due to its links to Genetically Modified (GM) soy production*, WWF Internal Document, Feb 17, 2009; es wurde dem Autor vom Journalisten Sebastian Lasse überlassen.

63. Zitiert nach: *El negocio de la soja*, in: Ecoportal vom 10.10.2005: http://www.ecoportal.net/layout/set/suscripcion/content/view/full/52665.

64. Clay, Jason W.: *Indigenous Peoples and Tropical Forests. Models of Land Use and Management from Latin America*, Cultural Survival Report 27, Cambrigde 1988.

65. Jeff Glaser, Dark Cloud: *Ben & Jerry's Inaccurate in Rainforest Nut Pitch*, Boston Globe, July 30, 1995.

66. Eine Kopie des Briefes von Minister Guy Lutgen vom 9.9.1997 ist im Besitz des Autors.

67. Eine Kopie des Briefes von James D. Wolfensohn (Präsident der Weltbank) vom 4. Dezember 1997 ist im Besitz des Autors.

68. Cheng Hai Teoh, Key Sustainability Issues in the Palm Oil Sector: http://siteresources.worldbank.org/INTINDONESIA/Resources/226271-1170911056314/Discussion.Paper_palmoil.pdf.

69. Das Fernsehinterview mit Ronny hat Inge Altemeier geführt.

70. Das Fernsehinterview mit Kasimirus Sanggara hat Inge Altemeier geführt.

Register

Bibliografische Information der Deutschen Nationalbibliothek

Die Deutsche Nationalbibliothek verzeichnet diese Publikation
in der Deutschen Nationalbibliografie; detaillierte bibliografische
Daten sind im Internet über http://dnb.d-nb.de abrufbar.

Bildnachweis:
S. 20 © Wilfried Huismann, S. 23 Fotografiert von Wilfried Huismann, S. 29
© WDR, S. 30 © AFP/Getty Images, S. 33 © Wilfried Huismann, S. 35 © Wilfried Huismann, S. 38 © Wilfried Huismann, S. 57 © Wilfried Huismann, S. 64
© Jan Schmiedt, S. 67 © Anonym, S. 74 © Wilfried Huismann, S. 77 © Arno
Schumann, S. 85 Fotografiert von Wilfried Huismann, S. 103 © René Zwaap,
S. 116 © Arnold Groh, S. 123 Fotografiert von Wilfried Huismann, S. 125
© Wilfried Huismann, S. 128 © Wilfried Huismann, S. 133 Fotografiert von Wilfried
Huismann, S. 146 © Inge Altemeier, S. 148 © Cordula Kropke/Rettet den Regenwald
e.V., S. 156 © Inge Altemeier, S. 175 Fotografiert von Wilfried Huismann, S. 176 Fotografiert von Wilfried Huismann, S. 178 © Hulton-Deutsch Collection/CORBIS, S. 183
© Wilfried Huismann, S. 184 © Marie Schumacher, S. 206 © Wilfried Huismann, S. 213
© WDR, Stefan Falke, S. 223 © Wilfried Huismann, S. 233 Fotografiert von
Wilfried Huismann, S. 238 © Inge Altemeier, S. 241 © Inge Altemeier

3. Auflage, 2012
Copyright © 2012 by Gütersloher Verlagshaus, Gütersloh,
in der Verlagsgruppe Random House GmbH, München

Coverabbildungen: © Mike Kiev (Weltkugel) / © sindjelicmilos (Panda) – Fotolia.com
Druck und Einband: Books on Demand GmbH, Norderstedt
Printed in Germany
ISBN 978-3-579-06631-8

www.gtvh.de